Pierre Rabhi, Aigle Bleu, Père Holtoff,
Lama Mingyour, Lama Lhundroup

Ce que nous dit la nature

Regards croisés sur l'évolution des origines à nos jours

le Relié

27, rue des Grands Augustins. 75006 Paris

Site internet des éditions du Relié :
http://www.editions-du-relie.com

ISBN : 978-2-35490-123-3

Sommaire

Introduction

Par Sophie Rabhi-Bouquet

C'était en 2006. Nous étions quelques imprudents de tous âges, rassemblés autour d'un projet qui nous habitait solidement : construire un village pour vivre dans le respect de nous-mêmes, des autres et de la terre. Ce projet, nous ne le désirions pas, nous l'invoquions, et nous saisissions toutes les opportunités qui convergeaient vers sa concrétisation.

Au fil des mois, notre pas déterminé invitait dans notre cadence des compagnons d'aventure de plus en plus nombreux, animés par le même rêve. Quelques mois plus tôt, nous avions pu acquérir une vaste parcelle de garrigue plantée d'un vieux mas en pierres dans le sud de l'Ardèche. Sur cette terre rocailleuse parsemée d'oliviers, de chênes pubescents, de cades et de buis, nous projetions un vaste chantier participatif pour construire une vingtaine d'habitats simples, sobres et écologiques. Notre véritable projet n'était pas matériel mais humain : vivre ensemble un écosystème organique, intégrer les vieillards, les enfants, les actifs, nourrir la terre pour qu'elle nous nourrisse et finalement « mourir vivants »... Nous étions, mon mari Laurent et moi-même, tous deux porteurs du projet, fortement agités par nombre de préoccupations liées à la réalisation de cette œuvre délicate. Il nous arrivait fréquemment de chercher conseils et inspiration auprès de mes parents, Pierre et Michèle Rabhi, pour lesquels notre entreprise était à la fois perturbante et enthousiasmante.

C'est au cours d'une de ces visites que nous trouvâmes l'entomologiste Henry-Pierre Aberlenc et son épouse Marie, quittant les lieux au terme d'un moment convivial dans la maison paternelle. En enfilant son manteau, Henry-Pierre livra ce souhait : « J'aimerais tant faire venir Aigle Bleu... » Aigle Bleu ? Ce nom magnifique, comme une résurgence des mémoires indiennes, me fit tendre une oreille. Aigle Bleu, porte-parole de la culture amérindienne, vit au Québec, mais se déplace volontiers en Europe pour étendre son action à l'échelle internationale, m'expliqua-t-on. Une adresse e-mail griffonnée sur le coin d'un papier et tout ala très vite. Invitation, billet d'avion, accueil à l'aéroport de Nîmes par une belle journée de printemps : Aigle Bleu était là, coiffé de ses deux longues tresses noires. Il occupa un petit logement de la ferme familiale et nous passâmes quelques jours en sa délicieuse compagnie.

Un stage fut organisé sur le nouveau domaine, baptisé « Le Hameau des Buis ». Au cours d'un déjeuner, une idée, inspirée de la richesse foisonnante de nos échanges, me traversa subitement : et si nous réunissions des porte-parole de traditions différentes mais qui parlent tous de l'urgence écologique ? Si nous faisions valoir l'unité des voix plutôt que leurs divergences ? Si nous provoquions une rencontre publique, très rapidement, avant le départ d'Aigle Bleu ? L'idée fut accueillie favorablement.

Je demandai à mon amie Claire Eggermont d'être la médiatrice de cette rencontre. Nous y invitâmes Pierre Rabhi, connu pour sa démarche laïque et universelle, Lama Lhundroup et Lama Mingyour de Karma Ling pour représenter la tradition bouddhiste tibétaine, le Père Jean-François Holtoff, fortement investi dans la protection de la nature, représentant la tradition catholique, et notre hôte, Aigle Bleu. La rencontre se déroula dans un magnifique coin de nature surplombant les gorges du Chassezac, devant quelques dizaines d'auditeurs enveloppés dans un silence méditatif. Par l'observation de la relation entre l'humain et la nature, chacun fut renvoyé à sa propre humanité, à sa propre conscience et à sa responsabilité individuelle. Car, comme le disait Krishnamurti, « nous sommes le monde et le monde est nous »...

L'hommage qui fut rendu à notre terre sur ce lieu sema, au Hameau des Buis, une alliance encore plus profonde avec les intentions qui étaient les nôtres, comme le sceau de la confirmation. Nous entendîmes quatre voies mais un seul message, celui du cœur, de l'amour et de l'impérieuse nécessité de sauvegarder notre mère nourricière, notre Terre-Mère.

Présentation des intervenants

Claire Eggermont :

Bonjour à tous. Nous sommes réunis aujourd'hui auprès de cinq intervenants issus de traditions et de cultures différentes pour un débat ouvert sur le thème de l'humain et de la nature : Lama Mingyour et Lama Lhundroup issus du centre bouddhiste de tradition tibétaine en Savoie, Aigle Bleu en provenance du Canada en tant que représentant des communautés amérindiennes autochtones, Pierre Rabhi, l'un des pionniers de l'agroécologie en France, penseur humaniste, et le Père Holtoff, catholique engagé dans l'écologie, ermite à Saint-Eugène. Je vais vous demander de vous présenter l'un après l'autre avant de rentrer dans le cœur du débat.

Lama Mingyour :

Je viens de l'Institut Karma Ling en Savoie, temple bouddhiste créé il y a vingt-six ans, dirigé par Lama Denis, disciple du très grand lama tibétain Kalo Rinpoché. J'enseigne le bouddhisme depuis une quinzaine d'années. Assez tôt à Karma Ling, nous nous sommes intéressés à l'écologie et aux rapports entre l'être humain et la nature, à la fois dans un sens extérieur mais surtout au sens intérieur de la tradition bouddhiste, à savoir : d'écologie intérieure. La question est de savoir comment l'être humain peut vivre en harmonie avec sa propre nature.

Lama Lhundroup :

Je suis issu du même terreau que Lama Mingyour et je réside aussi à l'Institut Karma Ling. Nous travaillons à la transmission des enseignements du Bouddha dans une perspective ouverte, afin qu'ils s'intègrent dans le monde contemporain. L'écologie est un domaine très riche de compréhension des enseignements du Bouddha. Elle nous parle de toutes nos dimensions : nos rapports à nous-mêmes, au monde et à autrui. Le propos de Bouddha nous appelle à retrouver l'harmonie fondamentale qui est celle de notre nature profonde, fond nécessaire à l'harmonie dans tous les aspects de la vie.

Suite à une grande rencontre qu'avait organisé Lama Denis en 1997 autour du Dalaï-Lama et de représentants des traditions primordiales des cinq continents dans une vision d'unité dans la diversité*, beaucoup de choses se sont développées à Karma

----

* Initiative qui a donné lieu au livre *Le Cercle des anciens,* Patrice Van Eersel et Alain Grosrey, Livre de Poche, 1998.

Ling. En 2004, nous avons notamment organisé en partenariat avec le WWF France le colloque « Écologie et Spiritualité » auquel participaient déjà Aigle Bleu et Pierre Rabhi.

Aigle Bleu :

Je suis né au Canada et j'habite présentement au Québec. Je me définis de plus en plus comme étant de la nation Arc-en-ciel, car mes racines sont diverses. J'ai plusieurs ascendances amérindiennes, de la nation Abénaqui, Algonquienne, etc., des origines canadiennes françaises également. J'ai été ensuite adopté par la nation Cherokee et formé depuis plus de vingt-cinq ans chez les aînés des nations amérindiennes. Celles-ci se définissent comme les gardiennes de la Terre-Mère parmi les races présentes sur la terre. L'écologie est à la base de notre spiritualité. La nature est notre livre sacré, car si nous l'observons attentivement, nous obtenons une vision juste et fidèle des lois universelles qu'il nous faut respecter. Selon nous, tous les êtres de la nature, à l'exception des êtres humains, font exactement ce que le créateur leur a demandé de faire. Leur comportement est issu d'une relation naturelle et harmonieuse avec l'environnement, et jamais ils ne dévient des instructions originelles qui leur ont été données. Seuls les humains font des erreurs.

Pierre Rabhi :

Le thème de la relation entre l'humain et la nature m'habite depuis plusieurs années. Cette préoccupation nous a menés, ma femme et moi, à quitter la ville pour nous installer en pleine campagne en 1959. Nous souhaitions, autant que possible, vivre en cohérence avec la nature. À l'évidence, il y a une énorme transgression de l'humain par rapport à cette nature qui nous donne vie. Tout le travail qui doit être fait est de concilier ou réconcilier l'histoire de l'humanité avec l'équilibre naturel. L'être humain est doté d'un entendement et d'un libre-arbitre, et doit ainsi prendre conscience de sa grande responsabilité à l'égard de la vie. Cette conscience devrait l'amener à prendre soin plutôt qu'à dominer et détruire.

Chemin faisant, je me suis intéressé à des populations en détresse, en Afrique notamment, pour qui des modifications climatiques violentes avaient entraîné famines et souffrances. Je me suis aperçu que l'écologie pouvait être mise au service des êtres humains, qu'il ne s'agit pas seulement de prôner une écologie contemplative, mais aussi pratique. Il est possible de concilier les actes légitimes de survie biologique, comme le besoin fondamental de se nourrir, avec le respect de la nature. Je dirais même qu'en s'inspirant des lois de la nature, on découvre comment satisfaire ses besoins sans rompre l'équilibre. C'est ce qui a fait de moi un agroécologiste avec une expertise internationale.

Père Holtoff:

Moine de Citeaux depuis plus de trente ans, je suis ermite depuis une douzaine d'années à l'ermitage Saint-Eugène dans le bois de Païolive, en Ardèche. Les premiers temps, je me suis affairé à remettre en état les lieux et, petit à petit, j'ai tourné mon regard autour de moi, ce qui m'a conduit à un travail, je dirais même à un certain combat. Je suis devenu très actif pour la sauvegarde de la biodiversité et impliqué dans l'association de défense du bois de Païolive. Est-ce compatible avec la vie monastique ? Oui, je pense que c'est même la continuité.

Au lieu de tradition, je préfère parler de sagesse. Je représente humblement la sagesse monastique chrétienne dont le premier emblème est saint Antoine Legrand au IVe siècle, en Égypte. On disait de lui qu'il lisait dans les deux Livres : le Livre de l'Écriture – la Bible – et le Livre de la Nature. C'est ce que je fais également. Je fais toujours partie de la communauté – la communauté est très importante –, mais j'ai voulu être ermite justement pour être en contact avec la nature et ses éléments, ce qui favorise selon moi le progrès spirituel qui est le but de tout moine. Cette action pour la nature est à la fois une quête de sagesse pour devenir soi-même naturel (à la fin de la vie de saint Antoine, après vingt ou trente ans passés dans un fortain déserté, on disait de lui qu'il était « naturel ») et un combat spirituel. La nature est aujourd'hui le théâtre d'un combat énorme, escatologique, et y prendre part m'est apparu comme une nécessité. Ce contact avec la nature, au besoin avec l'aide de la science, me conforte et fait partie de ma quête spirituelle. Voilà pourquoi je me définis comme moine ermite engagé dans la sauvegarde de mon environnement.

Le sens de l'évolution

Claire Eggermont :

Quel regard, quelle compréhension, portez-vous sur l'évolution de l'être humain des origines jusqu'à nos jours ? Quel sens cette évolution a-t-elle pour vous ?

Pierre Rabhi :

J'arrive bientôt à l'âge de 70 ans et je me pose toujours beaucoup de questions à ce sujet. L'évolution, si elle a un sens, est d'aboutir à une humanisation, à savoir une humanité élevée avec une conscience élevée. Nous échapperions ainsi à l'apesanteur de la matière qui nous englue dans la peur et handicape notre évolution. Notre entendement devrait nous permettre d'évoluer ainsi, de prendre conscience de notre inconscience et d'assumer la responsabilité que nous avons à l'égard de la vie. Notre débat soulève la question de savoir : y a-t-il un principe originel qui a mis en place un processus avec un plan qui nous fait passer par des phases de souffrance pour finalement nous mener au but, à l'accomplissement ? Ou ne sommes-nous qu'un phénomène parmi d'autres, des atomes et chromosomes combinés pour créer l'être humain, sans signification particulière ? Je ne peux rien prouver, je ne peux partir que de ce que je ressens : tout est esprit. Il y a en ce monde esprit, force de l'esprit, et beauté. Dans l'humanité, le pire semble submerger le meilleur, mais le meilleur existe. Tout le travail consiste à nous dévouer à la construction d'un humanisme universel, auquel cas nous arriverions à découvrir le sens de notre espèce.

Avec un regard objectif, j'ai parfois tendance à voir l'humanité comme le plus grand accident écologique de l'histoire. Mais je ne veux pas m'entêter dans ce point de vue, car je crois qu'il y a quelque chose de très beau et d'élevé à construire, à condition qu'on y mette l'énergie juste.

Aigle Bleu :

L'histoire orale des Amérindiens remonte à plus de 130 000 ans. Au cours de cette période, on a vu l'humanité accomplir la même démarche à trois reprises. Chacune de ces ères de l'histoire fait référence à un âge où la technologie était très développée, où l'homme se séparait de la nature, cherchait à dominer d'autres êtres et la terre, et où cela amenait inévitablement à la destruction du monde dans lequel il était. Trois fois, ce scénario s'est reproduit jusqu'à ce jour et fait certainement référence au déluge dont parlent toutes les traditions. Pour nous, il est associé à une purification. Dans le dernier événement de cet ordre, les peuples auraient développé une technologie assez similaire à celle d'aujourd'hui, axée sur les cristaux – tout ce qu'on utilise aujourd'hui est à base de cristaux : radio, laser, télévision, etc. –, avec des machines qui volaient dans les airs et des groupements d'humains qui se sont crus supérieurs aux autres, qui ont voulu dominer, qui ont fait la guerre et qui ultimement ont détruit. C'est la terre qui se réajuste. Nous voyons aujourd'hui comme la terre est polluée à nouveau, nous savons qu'elle a besoin de guérison. C'est un être vivant. Lorsque nous sommes malades, intoxiqués, nous nous purifions. Un bon rhume nous fait transpirer, la maladie sort par les pores de la peau, souvent par les deux extrémités aussi, et ainsi le corps se nettoie et le système se remet à mieux fonctionner. C'est la même chose pour la terre, dont la vie est beaucoup plus longue que la nôtre et qui a engagé à nouveau ce processus, selon nous, depuis 1969.

Nous pensons profondément qu'il y a un esprit qui sous-tend tout cela et que l'humain a cette particularité d'avoir reçu le libre arbitre pour apprendre à faire les bons choix. S'il développe la volonté de s'aligner avec l'ensemble de tout ce qui existe, avec les instructions originelles, consciemment et non pas instinctivement comme les animaux, les pierres ou les plantes, il trouve alors vraiment sa place et peut progresser vers l'éveil et la libération de toute limitation. Dans toutes les traditions du monde, on parle d'êtres éveillés. Pour nous, ce sont des guides, des phares, des gens qui nous ont précédé et qui ont montré que si on conduit cette unité, cette interdépendance avec tout ce qui existe, si on peut se mettre au service du monde dans lequel on est, on peut parvenir à la libération totale. Et alors on transcende même les lois de la nature. Il y a donc pour nous un but, une mission, une raison d'être. Si les choses sont telles qu'elles sont, c'est que l'homme a perdu sa direction. Les choses vont être amenées à se rééquilibrer par la nature elle-même, comme cela s'est déjà fait trois autres fois. C'est une continuité.

Il est très important que tous les humains entendent le message d'unité avec la nature et d'unité de tous les êtres humains entre eux, car c'est la vérité. Il y a beaucoup plus de choses qui nous rassemblent – les mêmes besoins – que de choses qui nous différencient. Cette volonté de nous penser supérieurs et de croire que nous pouvons contrôler ou dominer les choses autour de nous nous fait sortir de l'équilibre. Nous nous plaçons au-dessus et nous ne pouvons plus communiquer. Nous ne sommes plus en relation juste avec la nature et avec les autres. Il est important que nous refassions l'unité avant que la purification ait lieu par la nature elle-même. Sans cela, la destruction peut être très sévère – nous en avons l'expérience –, notamment à cause de l'accumulation de l'énergie atomique, nucléaire, qui prolifère.

Lama Lhundroup :
Dans la tradition du Bouddha, la vision va plus dans le sens d'une dégénérescence que dans le sens d'un progrès. L'évolution de l'humanité fait référence à une origine primordiale, première. Aujourd'hui, notre expérience est limitée par un ensemble de conditionnements qui sont secondaires par rapport à ce que nous sommes de façon primordiale. Notre expérience première serait une expérience d'ouverture, de présence absolue.

David Abraham, dans son livre *The Spell of the Sensuous*, le charme des sens, décrivait cette évolution à travers le développement des écritures. L'état premier se réfère à une culture de l'oralité, de l'échange direct qui passe par les sens – qui exprime l'expérience des sens –, en contact avec la nature. Peu à peu, les écritures apparaissent de façon très imagée, symbolique, images représentant des expériences sensorielles : on trouve alors des dessins d'arbres, d'hommes, etc. Puis, nous arrivons à des signes plus sophistiqués, des idéogrammes plus stylisés, pour aboutir enfin à l'alphabet, complètement abstrait. C'est ainsi que s'est construite une bulle typiquement humaine faite de concepts mentaux. La modernité a appuyé sur l'accélérateur d'une façon si folle qu'elle a créé aujourd'hui un monde virtuel où nous pouvons vivre presque toutes les expériences possibles sans le sensoriel, uniquement avec le mental. Quand on parle d'un arbre, on ne sait plus vraiment ce que c'est. Ce n'est plus qu'un concept. Il en est de même avec l'écologie contemporaine, faite de concepts et de discours. Elle est aussi une bulle, certes un peu plus transparente que les autres car nourrie par le souhait de retour à une expérience sensorielle, mais qui demeure néanmoins une bulle !

Dans le cycle de l'évolution, nous sommes ainsi passés d'un rapport direct à la réalité, sensoriel, vivant, en contact avec ce qui est source d'harmonie, à cette bulle qui nous éloigne de l'essentiel, de ce qui constitue notre nature profonde. L'humanité a dégénéré. C'est le thème traditionnel universel de l'exil. Nous nous sommes exilés de l'origine. Il nous faut aujourd'hui retrouver qui nous sommes, redécouvrir quelle était l'expérience première des hommes premiers, percer la bulle mentale et comprendre le sens de l'évolution. Chacun de nous peut, par un travail de méditation, voir comment il s'exile lui-même d'instant en instant dans son existence et parvenir à retrouver l'harmonie première.

Père Holtoff :

Nous pouvons avoir tendance à croire être tous d'accord pour agir en faveur de l'écologie. Or ce n'est pas le cas. Nous avons eu récemment en France le Pacte écologique que tout le monde a signé. Il y a pourtant un énorme fossé entre les aspirations et les réalisations. Comment interpréter cela ?

Pour tenter de comprendre l'évolution, je parlerai de la sagesse. Dans la Bible, il y a une sagesse qui est la première créature de Dieu : c'est l'ensemble des êtres spirituels. Cette sagesse est co-créatrice : elle accompagne Dieu dans toutes ses œuvres. Dieu lui montre tout ce qu'il fait. Pour la définir brièvement, cette sagesse est à la fois l'ordre du monde et celle qui inspire à l'homme tout ce qu'il doit faire. Elle n'a jamais manqué à l'homme et ne lui manquera jamais. Elle frappe à la porte de son cœur et s'il la demande, s'il lui est réceptif, elle vient à lui et éclaire ses actes. Cette sagesse devrait nous donner une vision très optimiste pour l'avenir.

L'apport de la foi chrétienne est que la création est bonne, belle, intelligible, aussi bien dans ses parties que dans sa globalité. Mais on s'aperçoit historiquement que très tôt des personnes nièrent cela. Selon elles, la création était même mauvaise – elle est l'œuvre d'un Dieu mauvais – et le salut de l'homme passait par le détachement de la matière, du corps, pour rejoindre l'au-delà. C'est ce qu'on appelait la Gnose. Contrairement aux idées reçues, je pense que ce courant de pensée n'a jamais été aussi vivant qu'aujourd'hui. Huxley disait : « Le progrès moral de la société ne dépend ni de l'imitation du cosmos ni de sa fuite, mais du fait de le combattre. » Je pense qu'aujourd'hui une véritable haine de la nature, de la création, est à l'œuvre. Je ne vois pas comment expliquer autrement cet acharnement non seulement à détruire la nature, mais aussi à vouloir en refaire une autre, comme on le voit avec les OGM, les nanotechnologies, etc. Le transhumanisme aspire même à refaire un homme, faire un « metaman », « remodeler la nature humaine selon ses plans ». Cette tendance négative existe ; elle n'a jamais été aussi active et explique pourquoi l'écologie n'est pas consensuelle aujourd'hui. Voilà pourquoi, selon moi, l'évolution dépend d'un véritable combat entre deux forces opposées.

Lama Mingyour :

Il y a deux niveaux de perspective : un niveau extérieur, ou superficiel, et un niveau plus profond. À un niveau extérieur, dans une perspective bouddhiste, nous ne parlons pas de création, car nous n'envisageons pas l'ultime sous la forme d'un dieu, mais nous parlons de cycles. Nous sommes aujourd'hui à un certain point d'un cycle d'expérience dans cet univers. Si nous regardons les choses simplement, nous pouvons douter que notre évolution soit un progrès. Peut-être allons-nous détruire ce qui nous entoure, et nous en avons les moyens. Il y a à peine cinquante ans, l'idée de progrès était très en vogue ; la majorité des gens pensait qu'on allait dans la bonne direction, vers une amélioration. Aujourd'hui, il y a un revirement total de situation : nous savons que si nous continuons comme ça, nous allons droit dans le mur. Dans le passé, les cycles nous ont fait passer par des guerres et des périodes de paix, des épidémies et des périodes de santé, etc. On ne peut pas dire que les choses ou que notre comportement aient vraiment changé. Ce qui a changé, c'est le développement de la science et de la technologie, qui a eu un effet démultiplicateur sur nos capacités de destruction.

À un niveau plus profond, nous considérons qu'il y a deux états dans tout être vivant, deux extrêmes : un état de confusion, de conditionnement, et un état de libération, de sainteté. Entre les deux, tout un cheminement est possible. Dans l'histoire de l'humanité, nous avons assisté à une progression où le côté spirituel permettant d'atteindre la libération a été relégué à la périphérie et remplacé par le culte de la consommation. Nous avons les moyens techniques d'arrêter la pollution, mais nous n'y faisons rien car nous sommes pris dans une dynamique de profit qui outrepasse le bon sens, comme une mécanique infernale qui s'emballe. Il n'y a que dans quelques sociétés traditionnelles que le côté sacré, profond, est toujours au centre.

Claire Eggermont :

Pouvez-vous préciser cette notion de sens ? Est-ce qu'il y avait un sens à ce que l'humanité passe par cet éloignement de la nature, ces expériences de destruction et de violence ? Y a-t-il là un sens pour son évolution, ou est-ce au contraire une involution ?

Aigle Bleu :

Je pense que tout peut être un outil de notre évolution. Chaque souffrance, chaque erreur – on dit souvent qu'on apprend par ses erreurs – peuvent être utilisées sur la voie de l'évolution vers la libération, l'accomplissement, le bonheur et la béatitude. Nous cherchons tous cela, dans toutes les nations. Ce bonheur vient quand nous sommes en unité. Lorsque l'on est au service du monde et que l'on aide les autres, on est automatiquement dans la joie. Alors que lorsqu'on avance dans la recherche de plaisirs et de choses éphémères, des illusions, on entre dans une souffrance de plus en plus grande, souvent accompagnée de grands moments d'inconscience, dont le rôle est justement de diminuer la souffrance.

Nous nous entêtons dans la souffrance parce que nous pensons avoir une existence propre. Dans la culture amérindienne, nous savons que nous n'existons pas par nous-mêmes. Nous existons dans l'interrelation avec tout ce qui existe. Et lorsque tu trouves ta place au sein du monde, lorsque tu te réalises dans ce que tu es venu explorer dans cette école qu'est la terre – qui pour nous est vraiment une école, une classe où l'on est venu étudier pour parvenir à d'autres écoles – et que tu t'accordes avec tout ce qui existe, alors tu vois le sens de la vie.

Les erreurs que l'on fait actuellement peuvent devenir des outils de notre évolution. Nous, Amérindiens, nous souvenons des technologies présentes dans les trois mondes qui ont existé précédemment. C'est un choix conscient dans ce monde-ci de nous passer de toute technologie. Si nous l'utilisions, nous nous éloignerions de la nature. Et si l'on s'éloigne de la nature, on perd la notion de qui on est. Si nous n'entretenons pas un rapport direct entre nos activités quotidiennes et la nourriture que nous mangeons, les vêtements que nous portons, les habitations dans lesquelles nous vivons, nous demeurons dans une bulle, séparés de la réalité. Alors, nous ne pouvons ni nous réaliser ni être heureux, car nous n'avons plus la compréhension de ce que nous sommes. Cette compréhension est à la base de tout. Plus nous explorons cela, plus nous parvenons à un véritable bonheur. Nous nous apercevons alors que nous sommes beaucoup plus vaste que ce que nous pensions, que nous sommes le monde tout entier. C'est au moment où nous comprenons la vastitude de notre être qui n'a pas de limite que nous pénétrons vraiment dans un émerveillement qui nous amène à des états de béatitude de plus en plus élevés.

Pierre Rabhi :

Je me pose souvent la question : « Pourquoi tant de souffrances ? Pourquoi tant de guerres, de violence ? » Je n'ai pas l'impression que nous tirions des leçons de nos expériences au niveau collectif. Nous avons fait la guerre de 14, qui était l'horreur absolue, et cela ne nous a pas empêchés d'en faire une autre, de perfectionner encore nos armes pour nous faire encore plus de mal, dans une dévotion à la destruction, en mettant toutes nos capacités, nos savoir-faire, nos technologies, au service de ces pulsions négatives. Aujourd'hui, la guerre est rationalisée. Ceux qui disposent des hautes technologies peuvent même faire la guerre à distance. Comment se fait-il que l'humanité n'ait pas compris que cette voie est indigne de l'intelligence ? Comment se fait-il qu'on ne déclare pas interdite la fabrication d'un fusil ou de tout autre outil destiné à détruire? Quand allons-nous comprendre ? Il m'est arrivé de marcher sur un râteau dans mon jardin et je peux vous assurer que quand cela vous arrive, vous ne recommencez pas à mettre vos pieds dessus ! Pourtant, l'humanité s'obstine à poursuivre les mêmes erreurs. Au nom de la paix, nous continuons à faire la guerre. Si des extraterrestres nous observaient, ils se diraient que nous sommes surdoués mais crétins. Avec toutes nos connaissances et nos moyens, nous sommes incapables de faire de cette planète un havre de paix alors que la terre nous donne tout pour le réaliser. Nous sommes la seule espèce qui se détruit elle-même ; aucune autre espèce ne le fait.

Doit-on en passer par là pour en arriver à une autre rive ? Je me le demande encore. Le confinement urbain a généré le confinement de la pensée. Notre pensée n'est plus inspirée par la vie, mais confinée dans un système qui rabâche les mêmes idées sans rien solutionner. Il n'y a qu'à voir les débats des intellectuels ! Gorbatchev raconte l'histoire d'une amie de notre planète qui regarde la terre en s'exclamant :
« Ma pauvre, mais qu'est-ce qui t'est arrivé ? Tu es bien mal foutue !
– J'ai attrapé l'humanité !, répond notre pauvre planète.
– Ne t'inquiète pas, reprend son amie, je l'avais aussi, je m'en suis débarrassée et tout va mieux ! »
Est-ce cela la conclusion que nous souhaitons ou y

a-t-il autre chose à faire ? Tant que nous ne nous reconnecterons pas à l'intelligence universelle, nous ne parviendrons à rien de bon. Et pour cela, il nous faut de l'humilité. Il faut que « l'homme démiurge », celui qui se met à la place du divin, qui s'est érigé pendant cette période technologique, l'homme qui se considère comme puissant et qui a oublié qu'il est un mammifère, se reconnecte humblement à la vie, à la nature. C'est dans cette nature que se trouve l'intelligence. L'intelligence n'est pas à l'ENA. Au contraire, mieux vaut ne pas sortir de l'ENA pour essayer de comprendre ! En en revenant à l'échelle individuelle, chacun peut se demander comment participer à l'amélioration du monde en partant de son propre changement. L'évolution de l'humanité ne pourra se faire sans l'évolution des humains qui la composent.

Lama Mingyour :

Du point de vue bouddhiste, il n'y a ni plan, ni Dieu créateur, pas de trajet déjà établi que l'on devrait suivre. Par contre, nous trouvons dans ces enseignements l'idée de conditionnement et de liberté. Chacun de nous a les deux : du conditionnement, des choses répétitives qui l'emprisonnent, et un certain pourcentage de liberté. À la question de savoir pourquoi l'humanité n'a pas tiré de leçons de ses erreurs passées, le Bouddha répond que l'origine de tous les problèmes est l'ego et la dualité. Très concrètement, cela signifie que j'ai l'impression d'exister séparément de quelque chose d'autre. Dès l'instant où j'ai cette impression, je rentre dans une dynamique de désir – vouloir m'approprier ce qui me semble bon –, de haine – vouloir rejeter ce qui me semble mauvais –, et d'opacité mentale – ne pas vouloir entrer en relation quand je ne veux pas être dérangé. C'est ce que nous appelons les trois poisons de l'esprit.

Dans notre société de surconsommation, le désir se développe à l'infini sans être jamais satisfait. L'homme cherche alors à contrôler le plus possible, son but ultime étant d'obtenir tout ce qu'il souhaite en appuyant sur un bouton avec un minimum d'efforts. C'est l'aspiration du monde virtuel, le développement ultime de l'ego, appelé le « gorille cosmique », qui veut tout s'approprier. Quant à la haine ou l'aversion, elles naissent de l'idée qu'il y a des choses dans le monde extérieur qui me sont hostiles et que je veux donc détruire. Dès que l'on a l'idée qu'il y a des ennemis, on part dans une guerre de fin : le bloc de l'extrémisme musulman d'un côté, le bloc de l'extrémisme évangéliste de l'autre, avec pour chacun l'idée de lutte du bien contre le mal, chaque côté se disant être le bien. Cette exaspération du désir et de l'aversion dans le monde moderne s'explique par le fait que nous nous sommes éloignés de notre nature. Notre nature et la nature extérieure ne sont pas différentes. Notre nature est non duelle, c'est-à-dire qu'il nous est possible de faire l'expérience de non-séparation entre nous et l'entourage. Il est possible de vivre sans avoir l'idée qu'il y a notre moi individuel d'un côté et des choses séparées de ce moi de l'autre. Cet état est naturel, originel ; il n'a rien d'extraordinaire. Il est possible de le retrouver par des méthodes de méditation. C'est l'état actuel dirigé par l'ego qui n'est pas naturel. Il est artificiel, créé par le mental qui croit que notre moi existe, séparé de la nature.

Lama Lhundroup :

Il nous faut cesser d'avoir un regard superficiel et distancié d'avec les événements, mais prendre acte, nous demander ce que cela suscite en nous. Le sens tient beaucoup de notre responsabilité. Souhaitons-nous donner un sens à nos actes ?

Père Holtoff :

On ne peut avoir une vision trop optimiste. Les choses sont trop graves pour cela, surtout que l'on observe un endurcissement, une obstination, le pouvoir du néant ne cessant de croître. Saint Benoît avait eu un jour une vision : l'univers entier lui était apparu dans un rayon de soleil. Ce n'est pas que l'univers s'était rétréci, mais que son âme s'était dilatée. Le monde était donc distinct de lui, mais ils étaient en unité par la lumière. Il y a deux moments : la distinction et l'unité. Dans la Genèse, durant les jours de la création , il y a toujours un soir et un matin, chacun ayant son importance. Le soir, nous voyons les choses dans leur distinction, séparées de nous, et le matin nous les rapportons à leur créateur, dans l'unité.

Visions et perspectives d'avenir

Claire Eggermont :

Quelles perspectives avons-nous pour demain ? Quelle vision globale avez-vous de l'avenir ?

Aigle Bleu :

Lors des trois mondes ayant existé précédemment, les Amérindiens qui sont très proches de l'âme de la planète ont observé le même paramètre inquiétant : l'esprit de la planète voulait partir. Beaucoup de cérémonies ont été conduites sur des lieux précis où les méridiens de la Terre s'entrecroisent. Le message a été envoyé à la Terre par les pieds à travers des danses, et elle a accepté de continuer. Il y a quelques années, les entités avec lesquelles nous sommes en communication sont venues nous parler de l'inquiétude des représentants galactiques. Ces derniers constataient un niveau d'agression sur Terre tellement élevé qu'il finissait par influencer le soleil, ce qui avait des répercutions sur d'autres soleils et pouvait à terme perturber toute la galaxie. Les représentants se demandaient alors si l'aventure humaine était un échec. Des personnes sont intervenues auprès d'eux en demandant que du temps leur soit accordé pour améliorer la situation. Depuis à peine cinq ou six ans, nous pensons percevoir une différence : le niveau de fréquence vibratoire semble s'élever. Certains de nos amis disent que la Terre a choisi de sortir de la souffrance. Car ce que l'on vit est le reflet des attitudes présentes en son sein. Elle devient de plus en plus éthérée, et tout ce qui est lourdement enfermé dans la matière a de plus en plus de mal à y demeurer.

À court ou moyen terme, la situation va se transformer. De plus en plus de personnes entrent dans une certaine conscience. Elles perçoivent que la voie dans laquelle nous nous sommes lancés est en échec, que nous avons perdu la fraternité et le partage, et érigé la guerre comme moyen de contrôle de la population. Les gouvernements, y compris dans des pays comme la France, prennent des décisions répressives, contraires à la vie. Cette situation est appelée à changer beaucoup plus vite qu'on ne le pense. Le message que je reçois de mes aînés est un message d'espoir, ce qui n'était pas le cas auparavant. C'est pour cela que nous communiquons sur l'importance de la communauté. La propriété privée est responsable de beaucoup de malheur et de confusion. Autrefois, cette notion n'existait pas. Tous les peuples autochtones de la Terre, pas seulement en Amérique du Nord, fonctionnaient en communauté. Tout était partagé. Il n'y avait que certains objets qui appartenaient à telle ou telle personne (nous les appelons objets de médecines ou objets sacrés, les armes de chasse par exemple). Ils étaient faits par la personne et étaient mis dans la tombe avec elle, car elle était la seule à pouvoir les utiliser. À part cela, tout appartenait à tout le monde. Dans nos croyances, ton propre corps ne t'appartient pas. En partant, tu le redonnes à la Terre pour faire d'autres pérégrinations. Les Occidentaux disent avoir propriété sur la Terre. Nous, Amérindiens, pensons au contraire qu'elle appartient à nos enfants. Nous avons le devoir de l'entretenir pour eux.

Ainsi, nous avons une vision de la communauté qui s'étend non seulement à ceux avec qui nous vivons, mais aux autres êtres qui habitent avec nous sur la planète et aux générations futures qui font partie de nous. Pour nous, la priorité actuelle est la création de communautés écologiques. Séparés, nous n'avons aucun pouvoir, mais si nous mettons nos énergies et nos forces ensemble pour vivre dans le partage de nos ressources plutôt que dans le capitalisme et la propriété privée, alors nous pouvons transformer les choses rapidement. Comme le dit Pierre Rabhi, la sobriété volontaire est un des meilleurs moyens de lutter contre les multinationales. Si plus personne n'achète les biens de consommation en masse, elles ne pourront pas continuer dans cette voie. Les biens matériels ne sont pas un gage de bonheur, mais le partage communautaire en est un. Lorsque nous sommes entourés de gens que nous aidons et aimons, il est beaucoup plus facile d'être heureux.

Pierre Rabhi :

Je partage l'idée selon laquelle il faudra reconfigurer le système social dans l'avenir, surtout en ce qui concerne l'Occident. N'oublions pas que 70 % de l'humanité sont des êtres humains analphabètes, paysans ne vivant que de la terre. Le sort global de l'humanité est clivé entre d'un côté un système occidental reposant sur l'efficacité, la technologie, la combustion, etc., et d'un autre des communautés vivant dans la simplicité. Elles ne sont pas encombrées d'un fatras de choses qui demandent du temps pour être produites, qui enclenchent une logique de l'insatisfaction et aboutissent au pillage de la planète. Sur le plan biologique, nous infligeons à la nature des souffrances, mais ce que nous ne percevons pas, c'est que nous les infligeons aussi à nous-mêmes. Elles se retrouvent en nous-mêmes. Le développement des cancers est bien dû à nos transgressions. Ce qui retarde notre évolution, c'est que nous pensons dominer la nature. Et tant que nous resterons dans cette idée, nous continuerons à croire que la science pourra tout résoudre, même les problèmes qu'elle a elle-même provoqués. Certains pensent même que l'humanité pourrait répondre aux problèmes climatiques en décidant elle-même de modifier l'axe de la planète. Revenons à la modestie : nous ne sommes pas là pour dominer la nature mais pour la comprendre, pour l'aimer et en prendre soin. Sans cela, la nature est tout à fait capable de nous éradiquer et de continuer sa course. Si nous nous absentions ne serait-ce que cinquante ans de la Terre, nous nous apercevrions de la puissance phénoménale de la nature. À notre retour, elle aurait repris ses droits. Il n'y aurait plus d'autoroute, plus rien ; tout serait à refaire. Il y a une puissance visible prodigieuse, mais aussi tout le monde invisible. Les bactéries par exemple sont invisibles, mais très prolifiques et puissantes.

J'ai intégré deux hypothèses pour l'avenir : soit la nature va avorter de l'humanité, nous éradiquer parce qu'elle ne pourra plus nous supporter, soit la conscience de l'humanité va s'élever, toutes les consciences vont s'interconnecter et remettre en route les processus de vie. Il suffirait de consacrer ne serait-ce que 10 à 15 % de ce qui est aujourd'hui dédié à l'armement pour lancer de superbes chantiers écologiques, dépolluer, reboiser, etc. Nous pourrions ainsi contribuer à la régénération de la planète.

Lama Mingyour :

Je ne suis pas devin, mais il semble bien que tous les indicateurs soient au rouge et que nous n'éviterons pas un certain nombre de catastrophes. C'est déjà trop tard. Les experts ont déjà revu les prévisions du réchauffement climatique à la hausse, car ils n'avaient pas tous les facteurs et ne pouvaient tout prévoir, notamment le facteur humain. Nous pouvons nous demander quels effets les catastrophes à venir auront sur les humains. À titre d'exemple, le nombre croissant de réfugiés climatiques provoquera-t-il plus de solidarité ou plus de conflits ? Il est probable que les modifications climatiques entraîneront plus de problèmes et de morts. Mais ces changements simulent aussi l'effet inverse : plus il y a de pollution, plus les gens s'intéressent à l'écologie ; plus la société de consommation devient folle, plus on développe l'économie alternative, qui sera justement un des éléments de notre survie. Car l'effondrement de nos systèmes monétaires risque d'advenir très bientôt. S'ils s'effondrent, ce sera la chaos, à moins d'avoir développé dès maintenant des systèmes alternatifs. Après la crise en Argentine, les gens ont ainsi pu continuer à vivre grâce aux SEL (Systèmes d'échanges locaux) qui étaient déjà nombreux.

À un niveau plus profond, le fait de s'être éloignés de plus en plus de notre nature a créé un besoin plus intense de spiritualité. Malheureusement, il y a beaucoup de confusion et il n'est pas facile de s'y retrouver dans tout ce qui est proposé, de choisir la bonne voie pour se transformer soi-même. Mais dans tout cela, il y a des germes d'authenticité qui pourraient permettre à l'humanité de passer le cap.

Père Holtoff :

Il y a beaucoup de gémissements actuellement. Deux me semblent importants : le gémissement des pauvres et, comme l'appelle saint Paul, le gémissement de la Création, asservie au pouvoir du néant. En ce qui concerne les pauvres, ce sont eux qui, dans la foi, ont déjà gagné. Le jugement a eu lieu : « Il disperse les puissants de leurs trônes, Il renvoie les riches les mains vides, Il élève les humbles. » Ceci n'est pas une prédiction d'avenir, c'est une réalité présente. Les riches, pour détruire la vie, ont déjà été condamnés. Il faut donc être très attentif aux pauvres et au soupir qui monte de la Création, que j'interpréterais comme les douleurs d'un enfantement. La douleur passera et de là émergera quelque chose qui n'est perceptible que par la foi, qui n'est pas de l'ordre de la vision et du tangible pour l'instant, mais qui est pourtant déjà accompli.

Lama Lhundroup :

Ce que nous vivons actuellement dépend du

passé, et de ce que nous faisons maintenant dépendra l'avenir. D'où notre responsabilité individuelle qui concourt à la responsabilité universelle. Le Dalaï-Lama parle bien de cela. Aujourd'hui, avec nos systèmes de communication, personne ne peut plus avoir l'illusion de vivre indépendamment des autres. Nous sommes donc appelés à une responsabilité pour soi, mais aussi pour l'autre : moi, ma maison, mon pays, le monde. Le bonheur et l'harmonie sont des aspirations partagées par tous, qui ne sont possibles que dans une responsabilité altruiste. Croire que je peux construire mon bonheur de façon indépendante au détriment de l'autre est une aberration. La façon dont tourne le monde actuel le montre. Être égoïste de façon intelligente est finalement être altruiste. Je ne peux réaliser mon propre bonheur que si je contribue à celui d'autrui, l'autre étant aussi mon environnement. Si l'humanité a un avenir, elle ne l'a que dans l'émergence de cette responsabilité universelle. Je crois qu'elle est en germe en chacun de nous, comme une retrouvaille avec ce sentiment d'unité originelle.

Souvent, les gens se demandent : À quoi bon si finalement tout cela s'écroule ? Pourquoi y aurait-il une éthique, une aspiration au bonheur pour soi et les autres, si les fins sont proches ? Il semble que l'éthique fasse partie de notre nature. Dans le Dharma, nous parlons de bonté fondamentale, qui est l'harmonie de la vie. Et c'est de là que vient l'éthique. Ce n'est pas, dans notre tradition, une législation venue d'en haut qui nous dit ce qu'il est bien ou mal de faire, ce pour quoi nous serions sauvés ou condamnés. L'éthique a des racines naturelles beaucoup plus profondes. Nous avons été leurrés par une vision de la nature comme le lieu du démon, un regard sur l'évolution comme la destruction des plus faibles par les plus forts, la loi du « que le meilleur gagne ». Les livres de Jean-Marie Pelt le rappellent en montrant la dimension de coopération dans la nature, qui supplante celle de compétition. Sans cette force naturelle de coopération, les écosystèmes ne pourraient entretenir leur harmonie, préserver l'équilibre et perpétuer la vie. On appelle cela l'homéostasie. C'est un élément important pour comprendre notre aspiration spontanée à vivre l'éthique. Ainsi, il est bon d'obéir à notre propre nature qui est fondamentalement bonne.

Être et agir pour construire le monde de demain

Claire Eggermont :

Retour au présent, ici et maintenant. Nous sommes tous d'accord qu'il nous faut changer pour ne pas disparaître, alors quelles actions mener aujourd'hui ? Comment être et agir pour construire le monde de demain ?

Père Holtoff :

Dans un sens monastique, nous nous demanderions comment être dans le monde sans être de ce monde-là. Il nous faut retrouver l'unité. La tradition monastique peut apporter beaucoup à la vie humaine pour la ramener sur la voie de la sagesse. Il n'y a pas besoin de longs discours. C'est simple. Saint Bernard disait que les arbres et les rochers enseignent plus que les livres à celui qui écoute...

Aigle Bleu :

L'humain est uni au Créateur dans la co-création du monde. En fait, nous sommes des aspects du Créateur que nous portons en nous. Une des manières de vraiment favoriser l'émergence de cette intelligence avec la nature et les uns avec les autres est de visualiser ce changement de monde, l'imaginer, le garder fermement à notre esprit comme le bois avec lequel sera construit demain. Nos nations ont évoqué depuis longtemps la vision qu'elles ont du monde après la guérison de la planète. Le processus de purification dans lequel nous sommes engagés depuis 1969 va s'accélérer dans les années qui viennent par le travail des éléments. Dans cette vision, les humains qui vivront en unité avec la terre et qui sauront tirer directement de la nature la satisfaction de leurs besoins, contrairement à ceux qui resteront dépendants d'un système, survivront et voudront conserver la mémoire de ce qui est arrivé. Ils établiront des centres, des villages, appelés « les cités de l'univers », lieux d'enseignement qui perpétueront la compréhension du passé. Ces cités seront les seuls endroits qui conserveront la science, non pas pour l'utiliser au quotidien, mais pour comprendre les choses. Tous ces centres seront en communication et utiliseront la technologie ponctuellement pour venir en aide aux les populations qui auraient des problèmes dans un véritable humanisme.

La sphère de la technologie que l'on doit à tout prix conserver est celle de la communication afin d'établir un lien à l'échelle planétaire entre tous les villages évoluant dans la conscience. C'est la base de la résolution des conflits. Dans les cités de l'univers, l'enseignement envisagé va de la maternelle à l'université dans un seul concept de développement de l'être humain. Une fois formés, les gens les plus doués seraient envoyés dans toute la région pour offrir autour d'eux les aptitudes spéciales que l'humain peut développer pour agrandir la compréhension de qui il est. Ils enseigneraient l'unité de l'homme avec tout ce qui existe. Il s'agit d'un enseignement vraiment dépouillé et humaniste incluant la dimension spirituelle qui est au cœur de toutes les nations autochtones du monde. Car nous avons tous un seul esprit.

La vision évoque également le fait que nous pourrions, après plusieurs siècles d'existence en paix avec la nature, demander à être admis dans des communautés plus larges au-delà de cette planète. Nous y parviendrons par la communion avec la nature, par un enseignement dépouillé de tout ce qui est contraire à la nature humaine et à l'écologie, et par l'activité communautaire. Car dans une communauté, on dépasse l'ego, on ne peut pas rester dans ses désirs et aversions, on est obligé de s'entendre avec les autres.

Lama Mingyour :

L'aspect mental a pris une dimension démesurée par rapport à l'aspect concret et sensoriel. Par exemple, beaucoup parlent d'écologie mais, parmi eux, combien appliquent réellement, concrètement, ce dont ils parlent ? L'idée aujourd'hui est d'être concret. Ce que je mettrais en premier lieu dans mes conseils pour l'avenir est la spiritualité. Pour moi, elle n'est pas éthérée ou théorique. Il s'agit d'une voie particulière à trouver pour permettre une transformation concrète de la façon de se comprendre soi-même et de comprendre le monde, une transformation de notre perception. Chacun doit se demander qu'est-ce qu'une spiritualité authentique et dans quelle voie authentique s'engager pour se transformer soi-même et transformer sa manière de voir le monde, dans un sens de non-dualité, d'harmonie intérieure.

La deuxième chose que je préconiserais est l'écologie. Ne nous décourageons pas par les prévisions catastrophiques et rendons-nous compte que nous pouvons agir individuellement et concrètement par notre mode vie. Prenons conscience que nous engager dans un mode de vie écologique n'est pas une diminution de bonheur, au contraire. Si vous fondez votre recherche du bonheur sur un mode de vie qui va à l'encontre de la nature et de la vie elle-même, cela aura des répercutions sur votre esprit. Nier que l'on est en train de détruire ce qui nous nourrit est un voile, un refus de la réalité. Ce refus est nécessaire pour continuer dans cette voie destructrice. Il est maintenant évident que le bonheur ne viendra pas de la poursuite infinie d'objets de toutes sortes. Vivre en harmonie avec la nature est une réelle source de bonheur.

Troisièmement, je pense qu'il est urgent que nous essayions de fonctionner sur des modes sociaux et économiques nouveaux. Par exemple, les Systèmes d'échanges locaux organisent le partage des ressources entre les individus. La personne qui a lancé les premiers SEL vivait dans une petite ville du Pays de Galles où il y avait énormément de chômeurs. Elle s'est dit : « Ce n'est pas possible ! Il y a ici des tas de gens qui savent faire des tas de choses, mais tout le monde est bloqué », et elle a lancé les SEL. L'idée est qu'il est possible d'échanger des ressources, des services, des objets, n'importe quelle richesse, sans passer par l'argent. Dans un SEL, on fonctionne avec de l'argent virtuel. J'irais plus loin par l'idée de créer des communautés sans argent aucun, basées sur le don et la confiance. L'argent nous paraît être une facilité, or il nous coupe les uns des autres. Si j'achète quelque chose à quelqu'un, je lui donne de l'argent et on est quitte. La relation est coupée : je n'éprouve pas de reconnaissance particulière envers cette personne, puisque j'ai payé, et elle non plus, puisqu'elle a vendu son objet. Par contre, si une personne possède une chose, que j'en ai plus besoin qu'elle, et qu'elle me le donne, j'éprouve de la gratitude envers elle.

Inversement, la personne est heureuse de m'avoir aidé. Le principe est que je ne vais pas forcément redonner à cette même personne, mais peut être à quelqu'un d'autre. Cela lance toute une dynamique fondée sur la générosité et la confiance qui peut fonctionner s'il y a une personne ou un organisme qui reçoit toutes les offres et les demandes et coordonne les échanges. Cela existe déjà dans les REL (Réseaux d'échange libre), mais ce n'est pas encore étendu à un mode de vie, alors que ça pourrait le devenir. Nous sortirions alors de la peur de manquer.

Pierre Rabhi :

Il faut resituer les choses dans le contexte global avant de savoir exactement comment agir et influencer positivement l'histoire. Si nous avions ici sous les yeux les indicateurs sur l'état des forêts, des rivières, de la terre arable, etc., nous nous rendrions compte que la planète perd énormément de ses ressources. Si nous ajoutions à cela la désorganisation des communautés humaines, happées par l'idéologie moderniste, nous réaliserions l'ampleur du désastre du modèle actuel. Et celui-ci repose sur l'économie et sur l'argent. Étymologiquement, l'économie est la bonne gestion de la maison et, originellement, l'argent est la rationalisation du troc. Si nous demandions à tous les habitants d'un village africain de réunir tout leur argent, nous obtiendrions à peine 1000 francs.

Nous pouvons nous demander alors : comment font-ils pour vivre ? En réalité, ils ne fonctionnent pas sur l'argent, mais sur des valeurs réelles, d'usage. Dans ces communautés organisées, il n'y a pas d'assurance ni de retraite ou de sécurité sociale, or ils vivent, ils prennent en charge leurs familles, etc. Nous avons une grande leçon à tirer de cette économie informelle sur laquelle est venue se greffer l'économie formelle. Celle-ci a décrété qu'il ne peut y avoir de bien qui n'ait un tarif. Par exemple, cette chaise existe en tant que réalité. Mais c'est son prix qui déterminera sa valeur. Nous avons ainsi subordonné tout le destin de la collectivité humaine à l'argent. Si je n'ai pas d'argent, je suis oblitéré socialement. L'argent décide de mon existence ou de mon exclusion sociale. Ce système nous prend en otage alors que l'argent pourrait représenter justement l'énergie humaine. Je me souviens avec beaucoup d'émotion de mon père qui rentrait à la fin de la journée avec son salaire ; c'était pour nous un argent sacré qui allait nous permettre de vivre. Le problème est que nous demandons aujourd'hui à l'argent d'assouvir tous nos désirs, et nous avons donné au superflu plus d'importance qu'à l'indispensable.

Alors, quelles sont les alternatives ? Les SEL effectivement ont l'intérêt de recréer du lien social. Selon moi, c'est le premier maillon à rebâtir. À condition que les individus aient fait le travail nécessaire pour se resociabiliser. Je dis parfois que l'on pourrait très bien créer un enfer écologique. Vous pouvez manger bio, recycler votre eau et exploiter votre voisin. Il n'y a pas de monde idéal qui ne soit issu de la transformation de l'être humain. L'alternative est donc d'abord en nous. Partant de soi, on va pouvoir construire un monde différent. Il ne faut pas construire une alternative sur un malentendu. J'ai vu cela dans l'évolution de l'agriculture biologique qui est maintenant convoitée par les supermarchés. Il faut donc travailler sur soi, recréer du lien social et recréer des lieux et des organisations à échelle humaine. Nous ne pouvons pas vivre dans des communautés trop grandes. Chez les Sioux ou autres, il y a une nation mais aussi des groupes. C'est une sagesse, car si un groupe outrepasse un certain seuil – ce dont Socrate a parlé dans *Le Pèlerin de Delphes* – l'humain est amenuisé et se retrouve dans l'insécurité intérieure. Or, dans un groupe idéal, l'humain se sent relié aux autres, et donc en sécurité psychique. Aujourd'hui, les gens sont dans un état d'insécurité énorme. Dans les sondages, on voit que quatre Français sur cinq ont peur de devenir SDF. Ces peurs minent psychologiquement le peuple.

Parallèlement à la création de ces lieux à taille humaine, un autre des maillons essentiels au changement est l'autonomie alimentaire. « Nourris-toi toi-même. » C'est le premier maillon de l'insurrection pacifique et c'est un acte selon moi politique. Il faut donc relocaliser l'économie. Il n'est pas normal qu'un groupe humain sur un territoire naturel avec de la terre et de l'eau dépende pour survivre d'une nourriture qui a parcouru 2 000 km. Cela n'a aucun sens. Les gens doivent se reconnecter à la terre et produire par eux-mêmes leur nourriture. De la même manière, mieux vaut voir des milliers d'artisans fabriquer des chaussures plutôt qu'une seule grande usine qui délocalise sa production. Ce qui se fait ici au Hameau des Buis illustre cette alternative. L'idée est de créer une communauté locale incluant les personnes âgées, contrairement à la société qui n'utilise les individus que quand ils sont dans l'âge productif et perçoit la vieillesse comme une déchéance.

Tous les systèmes qui permettent aux êtres humains de recréer du lien social, d'agir ensemble, de s'autonomiser, en se reconnectant à d'autres autonomies – c'est-à-dire garder l'équilibre entre autonomie et complémentarité –, le tout dans la sobriété, sont des alternatives d'avenir. Il y a un travail à faire au niveau des consciences et au niveau politique avec l'espoir que l'ensemble du système puisse réaliser ses dérives et réorienter le cours de l'histoire.

Lama Lhundroup :

Le Bouddha disait: « Oh moine ! Tous les phénomènes sont esprit ; tout est esprit. » Connaître son esprit est aussi un acte politique. Lama Mingyour a parlé d'écologie intérieure, c'est-à-dire apprendre à connaître son esprit. Cela revient à se connaître soi, c'est l'acte de connaissance premier, comme une révolution spirituelle, intérieure et aussi politique finalement. La racine de communautés viables est bien de commencer là où nous en sommes et par l'observation de ce qui nous est le plus intime – et qui est aussi ce qui est le plus puissant, tant dans la génération de confusion que de sagesse – à savoir notre propre esprit. La viabilité d'une communauté est fondée sur l'esprit de chacun, sur sa capacité à entendre l'autre, à être souple, à communiquer de façon féconde, etc. Sans cela, on sait comment bien des communautés se sont effondrées, même avec beaucoup de bonnes intentions et de grands idéaux.

L'expérience que j'ai à l'Institut Karma Ling, avec le projet de créer une communauté contemporaine viable en œuvrant à une éducation à l'écologie intérieure et extérieure, me fait me rendre compte que le ciment du groupe est effectivement la pratique de la connaissance de soi, l'affinement de la perception que nous avons de nous-mêmes et de nos relations avec autrui.

Dans la tradition du Bouddha, nous parlons de méditation. Il peut y avoir plusieurs façons de méditer, de nombreuses méthodes différentes, l'essentiel étant d'être capable de reconnaître les conditionnements dans lesquels nous sommes, ce à quoi nous nous identifions et ce à partir de quoi nous réagissons et qui est souvent source de conflit et de confusion. C'est en reconnaissant la nature de nos pensées, de nos émotions, de nos schémas mentaux que nous pouvons être capables d'avoir une action vraiment féconde autour de soi. Thich Nhat Hanh, grand moine bouddhiste, activiste politique virulent pendant la guerre du Viêt-nam, disait que l'on peut reproduire un monde associatif défendant la paix mais étant infernal. À l'époque, il tentait de calmer les jeunes gens qui avaient la haine contre le gouvernement américain en leur disant que là aussi était une guerre. Il leur fallait apprendre à reconnaître la guerre émotionnelle à l'intérieur d'eux-mêmes, celle qui se déclenche incessamment en nous. La déclaration de l'Unesco le dit aussi : toutes les guerres naissent dans l'esprit et se solutionnent dans l'esprit. C'est pourquoi il nous faut connaître la nature de notre esprit.

De manière très concrète, il s'agit de la nature de notre expérience : ce que je vois, ce que je sens, comment j'agis, etc. Cela permet de vivre de manière plus réaliste dans une compréhension de l'interdépendance. Sans une réelle attention à ce que nous faisons et ce que nous sommes, cette compréhension est difficile. Je pense que l'autonomie alimentaire est tellement exigeante qu'elle suppose une profonde attention. Elle peut à ce titre être une source de méditation. À chacun de trouver le support de sa méditation.

Claire Eggermont :

Les leviers de changement que vous suggérez concernent autant des choses concrètes, comme le retour à des communautés à taille humaine, un changement de système économique, la relocalisation, etc. que des choses de l'ordre de l'esprit, systématiquement oublié des politiques et autres experts débattant sur l'avenir de la terre. Il est pourtant évident que les pollutions dont souffre la Terre aujourd'hui sont autant matérielles et chimiques que mentales. D'où l'importance de l'esprit imprégnant nos actes et de l'énergie que l'on insuffle à cette terre qui nous porte.

Débat avec le public

Intervenant 1 :

En tant qu'ancien scientifique repenti, je voudrais apporter ma contribution au débat. La science aujourd'hui, la physique quantique en particulier, nous apprend que la matière n'existe pas. Les particules élémentaires des matières que l'on croyait la base de l'univers ne sont que du vide, de l'énergie. Mais l'énergie n'est qu'un concept, alors au final il ne reste pas grand-chose. Parfois, au volant de ma voiture, je me demande qui conduit quoi. Si la matière n'existe pas, mais si ma conscience me donne quand-même la sensation d'être séparé de quelque chose, c'est que la réalité n'est pas dans l'objet que je perçois mais uniquement dans la relation que j'ai avec cet objet ou cette personne. Cet esprit est pour moi au cœur de l'écologie : la relation que j'ai avec le monde. Si je veux transformer ce monde, la seule chose que je puisse faire est donc de me transformer moi-même. Sans quoi je vais lutter jusqu'à l'infini !

Intervenant 2 :

Je voudrais témoigner de mon expérience de plus de dix ans dans les SEL au niveau national, et plus particulièrement de Toulouse. Je fais partie de cinq SEL différents et, personnellement, j'ai perdu tout espoir en cette formule. Car l'être humain est toujours enlisé dans un esprit de profit. Dans de nombreux SEL, nous avons remarqué que les gens y entrent intéressés par l'idée d'échange, mais que petit à petit l'esprit de profit les rattrape. Ils sentent qu'ils peuvent en tirer un bénéfice. Ils demandent aux autres de faire du bricolage chez eux, de leur donner des cours d'informatique, etc., et ne donnent rien en contrepartie. Ainsi, je crains que ce que Lama Mingyour a suggéré au sujet du don ne puisse fonctionner non plus.

Lama Mingyour :

Je n'ai pas d'expérience personnelle des SEL mais je pense que le problème inhérent à ce système est qu'il ne résout pas le problème de fond de l'argent, de la saisie et de l'égoïsme. Ce que je préconise davantage est le REL, Réseau d'échange libre : c'est un SEL, mais sans contrepartie, sans notion de finance. C'est vrai qu'il est difficile de changer l'état d'esprit des gens. Le pari est qu'ils comprennent que les notions de don et de confiance fonctionnent sans avoir de monnaie, même virtuelle, à laquelle s'accrocher. Nous pourrions alors avoir une économie qui sorte de la peur, contrairement au système actuel qui l'entretient par des questions comme : vais-je pouvoir obtenir cela ? Ne vais-je pas perdre ce que j'ai ? Si je sais que ce dont j'ai vraiment besoin, les autres vont me le donner, la peur disparaît. C'est une sécurité sociale, au sens profond du terme.

Intervenant 2 :

J'aimerais pouvoir y croire mais si dans les SEL on conserve une monnaie virtuelle, c'est parce que 90 % des participants demandent : « Ce que je vais donner, comment vais-je être sûr de le récupérer ? »

Lama Mingyour :

C'est justement cette mentalité qu'il faut espérer dépasser. Il faut une certaine régulation dans le groupe, pouvoir parler clairement les uns aux autres. Même au temps du Bouddha, dans sa communauté, il y avait des exclusions. Si quelqu'un veut toujours obtenir sans jamais rien donner, il faut pouvoir l'exclure du groupe.

Pierre Rabhi :

Nous retombons toujours sur les mêmes problèmes. Nietzsche disait : « Il faut que vous ayez l'air un peu plus sauvés pour que l'on croie en votre sauveur. » Nous en revenons toujours à cela : il nous faut nous mettre nous-mêmes en chantier en tant que lieu à partir duquel se fait le changement.

Lama Mingyour :

Comme je le disais, la transformation intérieure doit aller de pair avec la transformation extérieure, sociale.

Intervenant 3 :

Aigle Bleu, pourriez-vous revenir sur certains outils relationnels assez anciens mais qui ont fait la preuve de leur efficacité, comme la pensée circulaire et le consensus ? Outils qui pourraient nous permettre de sortir de certaines impasses dans nos tentatives alternatives qui se révèlent des « tartes à la crème », parce que même avec la meilleure idée du monde nous n'avons pas prévu la manière de nous entendre et de prendre les décisions ensemble.

Aigle Bleu :

Les communautés amérindiennes et les communautés autochtones du monde entier fonctionnent effectivement sur le mode du consensus. Dans un mode de décision par vote majoritaire, certains vont tout faire pour avoir le pouvoir en entrant dans la manipulation. Cela est très flagrant dans bon nombre de gouvernements. Or, dans un système de consensus, une décision prise est toujours la meilleure. Il suffit qu'une seule personne ne soit pas d'accord et soulève un problème pour que l'on continue à se questionner jusqu'à trouver ce qui est bon pour l'ensemble. Ce type de décision par consensus implique tout le monde : chacun est considéré et on ne discute jamais contre quelqu'un. Chacun expose ce qu'il pense et il se dégage de cela une synthèse qui résume l'ensemble. C'est là que le lien est fait avec tout ce qui existe. Les nations amérindiennes ont coutume d'avoir dans leur Conseil un siège pour les animaux, un siège pour les plantes, un pour les pierres, un pour les élémentaux, etc. Nous considérons que tous ces êtres qui font partie de notre monde ont aussi droit au consensus.

La même chose est vraie pour les humains qui ne participent pas nécessairement au Conseil. Le Conseil rassemble toujours les personnes les plus actives ; les personnes âgées et les enfants n'y participent pas. Mais c'est très important que leurs voix soient aussi entendues. Alors ils se réunissent en cercle – le cercle des aînés, le cercle des enfants – et chaque cercle a une voix au Conseil. Les enfants peuvent envoyer un représentant dire qu'ils ne veulent pas se coucher à 9h mais à 10h, ou quoi que ce soit d'autre. Dans la pensée circulaire, nous allons intégrer leurs souhaits en nous demandant pourquoi les enfants souhaitent ceci ou cela. L'avis de chacun est perçu comme une nouvelle richesse que l'on intègre. Cela peut vous paraître long. Certaines décisions, je vous l'accorde, peuvent prendre beaucoup de temps à se révéler. Mais en général, comme il n'y a pas d'opposition, ni de discussion, que l'on cherche tous la même chose – avancer dans l'intérêt de tous –, cela va très vite. Personne ne dit : « Je ne suis pas d'accord avec ce que tu dis. » Nous ne pouvons pas être en désaccord car la personne exprime ce qu'elle pense. Nous devons intégrer ce que chacun pense pour en faire surgir la synthèse.

Au début de la colonisation, les Européens ont vécu grâce aux Indiens (si nous avions su l'avenir, nous nous serions peut-être abstenus, mais c'est la nature de toute communauté autochtone d'être accueillante ; l'hospitalité est une loi). Quand les Blancs avaient des problèmes, ils allaient consulter les aînés indiens. Les Indiens, en réponse, leur contaient une histoire. Et les Blancs étaient exaspérés. C'est que dans la pensée circulaire, tu n'imposes jamais à l'autre ta pensée. Tu peux seulement raconter à l'autre une histoire pour lui dire comment tu as agi dans une situation similaire et quelle solution tu as trouvée. Les Indiens sont beaucoup trop polis pour donner des ordres ou dire « tu devrais agir ainsi ». Les gens qui mènent le groupe ne sont pas ceux qui donnent des ordres : ils prennent les ordres de la collectivité, ils les représentent et portent la responsabilité. Ils sont là pour accomplir ce que veut la collectivité, plutôt que le contraire comme on le voit dans les hiérarchies occidentales. Ils sont là pour exprimer ce qui nous unit tous et parvenir, toujours ensemble, à faire les choses. Dans un tel contexte, il n'y a plus de dispute, ni d'opposition ; tout le monde travaille ensemble dans le partage. Il y a une vibration qui fait que nous n'avons pas besoin de protéger notre petite individualité. Notre ego prend de l'expansion et inclut tous ceux qui sont autour de nous.

Je me souviens du jour où nous avons demandé à un aîné comment allait untel qui était parti dans un autre village. L'aîné a juste fermé les yeux et a répondu : « Il va très bien ; présentement, il est en train de couper du bois. » Il regardait par les yeux de cette personne, car il n'y avait pas de séparation entre eux. Pour eux, ce n'est pas extraordinaire de pouvoir être en l'autre personne et observer ce qu'elle fait. Nos aînés font la même chose avec les animaux. C'est ainsi qu'avec la pensée circulaire il est inutile de consulter sans cesse la communauté pour savoir ce que nous avons à faire. Nous le savons car nous sommes tout le temps en lien. Ainsi, les gens qui travaillent prennent eux-mêmes les décisions. Il n'y a pas de dépendance : il y a de l'autonomie en même temps qu'un partage global. Certaines nations unies ont fonctionné sur le consensus. Sur les conseils d'un grand enseignant Deganaouta, la Ligue des Six Nations iroquoises a ainsi établi la paix entre tous les peuples qui pratiquaient l'agriculture dans le Nord-

Est de l'Amérique, après avoir été en guerre. La démocratie vient de là. Mais elle a été pervertie lorsque Benjamin Franklin a écrit la Constitution des États-Unis, qui a ensuite été appliquée aux provinces canadiennes. Il avait étudié la Ligue des Six Nations iroquoises. Mais ils y ont ajouté le système parlementaire britannique avec le vote majoritaire, qui a tout gâché et n'a pas permis que la paix s'établisse.

Aussi longtemps que les choses sont décidées par le vote majoritaire, il y a des inégalités et donc de la lutte. L'entente doit être globale, holistique. Quand on entre dans la pensée circulaire, cela vient de soi et on peut prendre des décisions véritablement écologiques, incluant la vie des générations futures. C'est simple à pratiquer, il suffit de prendre un objet et de le faire tourner pour que chacun s'exprime aussi longtemps qu'il a quelque chose à dire. Ainsi, la personne est vraiment respectée. Il ne faut pas parler directement à quelqu'un, mais au cercle. Il y a souvent un feu au milieu, représentant l'esprit. C'est un symbole très révélateur de ce qui crée la vie, comme le soleil qui crée la vie sur Terre. On ne parle jamais de ce que l'autre a dit, mais de ce que nous ressentons. Il s'agit de s'exprimer avec vulnérabilité et honnêteté, avec le cœur. La communauté n'existe que dans la mesure où chacun participe. Et pour participer, chacun doit révéler son véritable visage, parler de ce qu'il éprouve.

Les conflits vont toujours surgir et le cercle offre cette opportunité de les guérir, tant et si bien que les personnes sont prêtes à y participer.

Intervenant 3 :

Les changements sont au cœur de nous-mêmes, mais je crois aussi qu'il faut nous fédérer ensemble sur l'essentiel. Dans tous les domaines, il existe déjà des personnes qui agissent pour cet autre monde que l'on souhaite. Je pense qu'il faut vraiment se regrouper.

Aigle Bleu :

L'unité est la clé, effectivement. C'est ce que disaient les professeurs indiens. Ils parlaient de notre époque comme étant le temps où les quatre couleurs de l'humanité – les Rouges, les Noirs, les Jaunes et les Blancs – s'uniraient, produiraient ensemble une nouvelle nation de toutes les couleurs de l'arc-en-ciel et construiraient un pont qui mènerait au nouveau monde. Nous sommes très nombreux à parler de ces choses-là, à faire les mêmes constats, mais individuellement nous avons peu de pouvoirs. Par contre, si nous sommes capables de nous unir, de travailler ensemble, cela nous ouvre des possibilités incroyables. C'est le propre de toute communauté. Lorsqu'un groupe de personnes vibre en synergie dans le même esprit, l'énergie qu'il dégage, le potentiel qu'il a est bien plus élevé que la somme des potentiels de chaque personne individuellement. Cela a été constaté à plusieurs reprises.

Pierre Rabhi :

Toute communauté traditionnelle part de l'organique, grandit et décide ensuite d'essaimer pour ne pas dépasser son point d'équilibre. L'Occident a vécu une situation très difficile avec l'éclatement des communautés initiales. Nous pouvons nous les représenter par un village avec son clocher, ses champs, ses paysans, ses artisans, la complémentarité des travaux des uns et des autres, etc. Il y avait alors une complémentarité de destin et, même si le système n'intégrait pas l'idée de pensée circulaire, les problèmes étaient résolus au sein du collectif sur la base des besoins et des nécessités. Le système traditionnel organique a ensuite été désorganisé avec la migration des individus, esseulés, dans les pôles industriels appelés « agglomérations ». Les individus se sont retrouvés « agglomérés », ne partageant plus le même destin. Chacun a reçu son salaire et s'est replié sur son bien personnel, pensant qu'il pouvait tout résoudre seul. Ainsi, il n'avait plus besoin du collectif. Cela a fait éclater le système social.

Nous sommes passés de cette phase organique, où la communauté se vivait en tant que corps social, vers un éclatement de la société où il faut maintenant que les individus fassent tout un travail de resociabilisation. Cela peut ouvrir des perspectives très intéressantes. L'individuation génère aujourd'hui beaucoup de souffrances. Le système a rassuré les gens en leur distribuant salaire et avantages sociaux, mais les individus ne sont plus reliés à rien. Ce qui relie les individus, c'est le social institutionnel, par le biais des impôts et des administrations (de mon salaire, on prélève de quoi m'assurer une retraite, etc.) et non plus le social sensible, relationnel.

L'institutionalisation du système fait que tant que ce système dure, j'ai une certaine sécurité. Mais cette sécurité est précaire. Elle repose strictement sur les droits que j'ai. Nous exaltons nos droits et non plus nos devoirs. Il n'y a plus de réciprocité ni d'équilibre et, au fond, chacun se sent déraciné, dans une sorte d'exil très douloureux. Chacun est ramené uniquement à lui-même et à son salaire. Sans revenu, il n'existe plus. L'insécurité générée par le système a fait proliférer les assurances. Aujourd'hui il faut s'assurer sur tout, votre toit pouvant s'écrouler sur le voisin à tout moment, sait-on jamais ! Les assurances compensent ce qui à l'origine était assumé par la communauté (les avatars de la vie étaient pris en charge par la communauté). Si nous parvenons à surmonter cette individualisation pour reconstituer des groupes sociaux, cela peut être très riche. Nous aurons finalement fait l'expérience de la solitude, et cela validera de façon très forte la nécessité de se reconnecter et de vivre ensemble.

Aigle Bleu :

Comme le mode de vie des autochtones avait été détruit, j'ai été élevé dans un système occidental. À l'école, les enfants se retrouvaient tout seuls ; il n'y avait pas de tissu social. Aussitôt qu'ils étaient un peu différents, ils étaient tout de suite marginalisés. Ensuite, j'ai séjourné parmi les autochtones, j'ai vécu dans la famille arc-en-ciel ainsi que dans des communautés spontanées créées en voyageant, avec à chaque fois la nécessité de se reconnecter à la nature pour survivre. Le naturel revient alors au galop. Dans chacun des cas, il y avait une intensité de vie qui me faisait dire que ce que j'avais connu avant dans la société n'était pas une vie, ni même une demi-vie.

Dans le cercle, chacun peut déposer ce qu'il vit de difficile et ne plus se sentir seul. C'est une aide psychologique très puissante, un cercle de guérison. À plus grande échelle, cela reviendrait à fédérer les diverses communautés pour avoir un point central où chacune peut trouver de l'aide. Le monde d'aujourd'hui, les gouvernements, les médias, les municipalités sont très enclins à démolir tout ce qu'ils ne comprennent pas. D'où la nécessité de se regrouper dans le don avec un point central qui redistribue. Les cités de l'univers pourraient faire ce travail régionalement. La guérison est là à long terme, peut-être même à moyen ou court terme. Je constate que quand les gens éprouvent le sentiment de communauté, même si c'est juste au sein d'un atelier de fin de semaine, ils en veulent plus, ils ont soif de cela. Cela les a emplis d'amour et ils se disent : « Mon dieu, retourner au travail lundi matin ! » C'est dur pour eux de retrouver ce monde froid dans le « chacun pour soi ». Ainsi, la création de communautés peut se faire rapidement si l'on développe les structures adéquates.

Pierre Rabhi :

De toutes façons, nous n'aurons pas le choix. Il ne s'agit pas d'une option. Les circonstances actuelles, la dégradation sociale vont mener à cela.

Intervenant 4 :

Le point de destruction atteint par notre civilisation n'est-il pas dû à cette forme de pensée violente qui est celle du principe mâle, du pouvoir ? Il me semble qu'il manque dans notre compréhension ce sentiment du principe féminin. Il faut qu'il reprenne de la valeur, et alors nous pourrons fonctionner comme vous le suggérez.

Aigle Bleu :

On constate effectivement que quand une communauté se crée, le premier cercle à parler est celui des femmes. Le cercle des hommes suit, mais longtemps après. Les hommes ont de la difficulté à vraiment ouvrir leur cœur, à exprimer ce qu'ils éprouvent profondément. Pourtant, c'est la base de l'esprit de communauté. Il faut trouver un équilibre dans toute chose. Les sociétés occidentales ont beaucoup penché du côté masculin. Le pendule doit retourner du côté du féminin. Comme le disait une de mes enseignantes : « Que Dieu le Père prenne des vacances ! » Il faut fatalement que l'on retrouve l'équilibre, car les deux pôles sont essentiels.

Intervenant 5 :

Pierre, qu'en est-il de votre projet de fédération des consciences, des groupes, au niveau planétaire ?

Pierre Rabhi :

Nous ne prétendons pas à nous tout seuls fédérer la planète. Mais il m'a paru évident qu'il faut aujourd'hui créer des passerelles, rassembler les énergies. Il y a une potentialité de changement, mais qui est diffuse. Ce potentiel dispersé perd de la puissance. Il ne crée pas une énergie suffisamment importante pour être prise en compte. Donc, plutôt que de m'engager politiquement, comme certains me le demandaient, j'ai préféré lancer un Mouvement international pour la terre et l'humanisme. Partant du constat de l'urgence écologique et humaine, le rôle de ce mouvement fédérateur est d'interpeller le plus largement possible les consciences, de donner de la cohésion aux différentes actions déjà en place, de faire connaître les initiatives et d'en créer d'autres. C'est en bonne voie.

Intervenant 6 :

Combien de personnes faut il pour commencer un cercle ?

Aigle Bleu :

Dans notre philosophie, le cercle commence à l'intérieur de soi. Lorsque tu es en lien avec ton esprit, tu te connectes au monde entier. Donc, le cercle commence dans ta pratique quotidienne de rattachement à ton être, à ta source, à ton esprit.

Claire Eggermont :

Une parole pour conclure ?

Aigle Bleu :

Ce qui me touche le plus, c'est l'espoir qui grandit, la lumière qui augmente à une vitesse incroyable pour l'humanité. Ce séjour ici sur la terre près de Pierre Rabhi, au Hameau des Buis, connecté avec des gens qui sont à pied d'œuvre dans une conscience écologique et du sacré me plonge dans un espoir encore plus grand. Je pense que c'est un début, que l'on va continuer à travailler ensemble puisque l'on est en accord sur tous les points.

Lama Mingyour :

C'est souvent dans les situations de crise que les bonnes volontés se réveillent. Ainsi, les crises et les catastrophes qui arrivent dans le monde sont aussi un facteur de stimulation, d'éveil, d'évolution intérieure et collective. Je pense aussi que la notion de réseau est fondamentale. L'échange crée la vie. Aucun système ne peut survivre en étant indépendant de tout le reste. D'où l'intérêt d'avoir un organisme, un point central qui fédère les différentes initiatives et communautés, et qui permette que la pratique de l'un réponde au besoin ou au questionnement de l'autre, tant sur des questions matérielles que spirituelles.

Lama Lhundroup :

Dans la communauté du Dharma, le cercle est le mode de réunion. Il est la cellule de base. C'est ainsi que s'organisent les pratiques contemplatives, les échanges sur la pratique mais aussi sur le mode de vie de la communauté, etc. Le cercle contient des règles. N'importe qui ne peut pas y entrer. Il suppose d'avoir un certain engagement, une sensibilité à ce qui se passe. Sans quoi, le cercle devient très vite anarchique, chaotique. Il y a aussi une certaine ordonnance dans la circulation de la parole, pour que chacun puisse s'y exprimer pleinement. Nous appelons cela des « Sangha Loca » : *sangha*, la communauté et *loca*, le lieu. Nous en faisons une fois par mois à Karma Ling. Si l'un d'entre vous veut venir y participer, cela peut donner une idée du fonctionnement et vous aider à créer vos propres cercles.

Pierre Rabhi :

Il n'y a effectivement aucune raison que le féminin soit subordonné au masculin et que cela devienne la norme. La société d'aujourd'hui technico-scientifique est sous l'égide de Vulcain et de Prométhée, deux masculins et, en plus, du masculin divin. Tel est l'état du monde, et on se demande si un humanisme universel est encore possible. Personnellement, mon engagement me donne parfois l'impression d'être dans une névrose. Je pourrais aller jouer au tiercé, à la pétanque et faire des petits placements avec l'argent de ma retraite sans me poser de question. Pourquoi s'embêter à s'engager ainsi ? Quand on n'attend pas d'aller au paradis, ni d'avoir une médaille, ni de recevoir de récompense financière, quelle est la contrepartie ? La seule contrepartie de cet engagement est de tenter la cohérence. Car je crois que l'univers est intelligence, tout est intelligence.

Comment donc se connecter à cette intelligence comme seule façon de témoigner de la majesté de la vie ? Quand vous n'êtes plus dans la volonté volontaire, quelque chose se passe en vous et vous devenez canal. Personnellement, c'est cela qui me fait vivre : tenter d'être le plus proche possible de cette cohérence et essayer de me transformer moi-même. Quand on entre dans ce cheminement, on découvre qu'il y a énormément de choses à changer et que ce n'est pas si simple que ça. Il faut beaucoup de modestie et d'humilité, car chacun de nous est en marche. Ce travail sur soi doit être fait dans la rigueur, mais sans rigidité. Nos alternatives doivent être construites de façon très structurée et intelligente, car, en face, nous avons un système mondial, économique, bancaire très rigoureux. Souvent, je constate que les communautés ne fonctionnent pas, car elles sont dans une sorte de désinvolture : chacun agit quand il en a envie. Or, pour porter des fruits, l'engagement implique de la rigueur.

Interview exclusive de Pierre Rabhi
Par Marc de Smedt

Marc de Smedt :

Pierre, nous vous remercions de nous accorder cette interview en guise de conclusion et d'actualisation de ce colloque qui remonte à 2006. Certaines allégations d'Aigle Bleu peuvent choquer des esprits, notamment sur les visions d'entités extraterrestres. Qu'en pensez-vous ?

Pierre Rabhi :

Pour nous qui ne sommes pas habitués à la pensée amérindienne, certaines de ses paroles peuvent sembler effectivement relever du délire. J'ai apprécié ce dialogue inter-traditions qui est important dans la rencontre des cultures et le chemin vers l'unité. Je respecte les idées de chacun et je suis en accord avec certains propos d'Aigle Bleu, mais je me maintiens aux limites de ce que je peux comprendre. Je ne suis pas là pour censurer, mais pour moi la réalité des extraterrestres n'est pas évidente, ainsi je ne ferai pas d'hypothèses à ce sujet.

Marc de Smedt :

Dans votre livre *La Sobriété heureuse* paru au printemps 2010, vous dites que le temps est venu de s'affranchir des réflexes boulimiques et du « toujours plus » – nous pourrions ajouter du « toujours trop vite » – , qui prépare la ruine de notre civilisation, pour passer à un autre stade. Pour vous, notre société est sans joie. Comment voyez-vous la création d'une société avec joie et le passage à cet autre stade ?

Pierre Rabhi :

J'insiste sur les mythes fondateurs de la modernité qu'il nous faut comprendre pour pouvoir passer à autre chose. La sortie du Moyen Âge, la Renaissance, le cartésianisme, etc., aboutissent à un homme démiurge, prométhéen. L'homme par son intelligence croit pouvoir organiser son destin à sa convenance et se libérer de la subordination à la nature. Le divin et le féminin sont remis en question. C'est l'apothéose de la raison pure qui va s'incarner dans la créativité du nouvel homme. La rationalité est mise au cœur du nouveau paradigme. Elle va pactiser avec la matière de la manière la plus forte qui soit par l'exhumation des matières mortes, souterraines, minérales. Le passage par la thermodynamique du cheval animal au cheval vapeur se fait dans un temps extrêmement court. C'est le triomphe de la créativité humaine qui exalte le progrès capable d'affranchir l'humanité de toute contrainte.

Reprendre ces mythes fondateurs permet de comprendre où nous en sommes. Cet homme prométhéen a inhibé son intuition, sa sensibilité. Au lieu d'aborder le monde avec tous ses sens, il ne l'aborde plus qu'avec l'intellect, dans une vision fragmentaire. Même l'être humain est abordé aujourd'hui non pas comme une entité globale, à la fois physique, psychique, spirituelle, etc., mais comme un composant d'organes. C'est ainsi que nous avons des spécialistes d'organes, chacun réduit à sa spécialité, alors que l'être humain ne peut pas être abordé autrement que dans sa globalité. Les éléments constitutifs d'une réalité globale sont devenus des éléments séparés. Nous n'avons plus l'intelligibilité du tout. Nous sommes très performants dans le partiel, en technologie par exemple, mais cela a recours beaucoup plus à nos aptitudes qu'à l' intelligence. Nous avons d'énormes aptitudes, mais la combinatoire de toutes nos aptitudes ne donne pas un principe intelligent, c'est-à-dire qui soit relié, cohérent, et qui produise un authentique progrès. Celui-ci ne devrait pas consister seulement à inventer des machines mais nous amener à comprendre que de même que la planète est une et indivisible, l'humanité est une et indivisible.

Toutes les fragmentations ont instauré sur la planète un monde dualiste. C'est ainsi que la dynamique du vivre-ensemble sur la planète est plus fondée sur les antagonismes, les compétitivités, les concurrences, l'homme contre l'humain, les divisions, les armements, etc., que sur un ordre nous amenant vers une véritable humanisation.

Marc de Smedt :

Lors de votre précandidature aux élections présidentielles, vous aviez appelé à une insurrection des consciences et à une décroissance soutenable. Vous avez à présent renoncé à ce concept, pourquoi ?

Pierre Rabhi :

Ce qui est évident, c'est que notre planète est de nature limitée. Elle est riche mais limitée. Ainsi, nous ne pouvons pas y appliquer une gestion et un rapport à elle illimités. On ne peut concilier l'illimité avec le limité. N'importe qui peut comprendre cela. C'est simple : nous ne pouvons pas demander à notre planète plus de ressources qu'elle ne peut en produire.

Notre terre est une oasis de vie, un miracle étonnant et exceptionnel advenu sur une conjonction d'éléments improbables. Mais au lieu de la percevoir ainsi, comme ce miracle dans lequel nous avons l'immense privilège de vivre et le devoir d'instaurer une vie qui soit la plus accomplie possible, nous la considérons comme un gisement de ressources à épuiser jusqu'au dernier poisson et au dernier arbre. Le lucre devient la véritable puissance. Quelques individus possédant suffisamment de moyens financiers pourraient ainsi acheter la planète entière et nous serions tous des locataires. C'est pour cela que je suis en colère vis-à-vis des religions. Elles proclament que la terre est sacrée, que la vie est sacrée et qu'elle est l'émanation de Dieu. Ainsi, elles devraient être les premiers écolos ! Au lieu de cela, nous avons laissé profaner cette merveille, et cette profanation me paraît être la manifestation la plus forte de l'antireligion. Nous n'avons pas été conscients de la responsabilité que nous avions à l'égard de cette planète.

Avec l'appel incessant à toujours plus de croissance, on nous fait croire que le progrès et le bien-être vont augmenter. Or, au contraire, c'est le mal-être qui s'accroît. La souffrance planétaire est à son comble. La destruction de la planète bat à pleins rendements. On organise des réunions hypocrites pour dire qu'on va s'occuper de notre chère planète, or le conflit d'intérêts des uns et des autres perdure et aboutit à cet état d'inintelligence. La difficulté, avec le concept de décroissance, était d'expliquer le fait que la planète est limitée. Les gens me rétorquaient : « On ne va pas retourner aux bougies, aux cavernes, etc. » Ainsi ai-je décidé de renoncer à ce concept dans les termes, mais pas sur le principe. C'est pour cela que je propose la sobriété heureuse : Je suis sobre, mais c'est pour construire de la joie. Je réduis l'avoir, mais c'est pour augmenter l'être. Je me libère de ce système fondé sur l'aliénation humaine qui dit que si tu n'as pas de moyens, tu n'es plus rien.

Marc de Smedt :

L'échec du Sommet de Copenhague ne fait que vous donner raison.

Pierre Rabhi :

L'humanité ne pourra pas évoluer positivement tant qu'elle subordonnera tout, la terre, le destin humain, etc., à la puissance du lucre. Depuis l'origine, l'humanité a eu besoin du patrimoine vital pour survivre, la terre, l'eau, etc., et ce patrimoine est aujourd'hui livré au plus offrant et détruit. C'est terrifiant d'en être arrivé là. Donner une telle prépondérance à l'argent sur la vie est véritablement un obscurantisme ! Nous assistons à un hold-up sur le bien commun, le bien indispensable à la vie de tous. Nous ne semblons pas nous en rendre compte. Il y a un endormissement des masses.

Dans le programme que je mène au Maroc pour la souveraineté alimentaire des populations, nous avons cherché un terrain, mais la spéculation est telle que les prix sont exorbitants. Le patrimoine des pauvres est confisqué. Cela devrait faire l'objet de moratoires internationaux. Mais les politiques ne sont pas à la hauteur de la situation. Nous vivons de telles mutations que la politique n'est absolument plus à la mesure des grands enjeux d'aujourd'hui.

Marc de Smedt :

C'est pour cela que vous préconisez la sobriété heureuse comme une vraie philosophie de vie, et une philosophie joyeuse.

Pierre Rabhi:

Oui, car finalement, que cherchons-nous tous ? La joie. Et la joie ne s'achète pas. On peut s'offrir tous les plaisirs, tout le matériel, tous les yachts et les avions privés que l'on veut, sauf la joie. Et heureusement. C'est là qu'il y a une justice. Nous sommes aujourd'hui en recherche d'un bien-être intérieur, cette sensation extraordinaire d'être reliés à la vie, à l'éternité, d'être dans la légèreté, dans le meilleur du miracle de la vie. Tout le monde recherche ce sentiment de joie. Mais, maladroitement, les gens pensent le trouver par l'accumulation et l'argent, car l'insécurité et la peur régissent le monde.

La sobriété, c'est comprendre que la modération est une chose magnifique. Car étant modéré, je peux faire évoluer mon intériorité, ne plus être uniquement dans la matière, l'insatiabilité et l'insatisfaction qui vont avec. En me modérant, je me libère et je contribue au partage et à l'équité en ne prenant pas plus que ce qui m'est nécessaire. Ce qui est nécessaire est simple : être nourri, avoir de l'eau potable, être logé, vêtu, soigné. Je n'alimente plus les dictatures financières avec le superflu. Car le superflu est sans limite et c'est lui qui produit ces potentats de la finance qui exercent ensuite les pleins pouvoirs sur l'humanité. Si je suis sobre, je ne suis plus seulement dans l'avoir mais aussi dans l'être. Je me crée un espace de créativité et je peux répondre à mes besoins matériels tout en contribuant à l'embellissement du monde.

Marc de Smedt :

Donc, vous restez optimiste malgré tout, la surpopulation, la pollution, le développement forcené de la Chine et maintenant de l'Inde… ?

Pierre Rabhi :

Bernanos disait que l'optimiste est un imbécile heureux et le pessimiste un imbécile triste. À mon avis, il ne s'agit d'être ni l'un ni l'autre. J'ai totalement intégré l'idée selon laquelle l'humanité continue aveuglément à transgresser les règles élémentaires de la survie et disparaîtra. Je n'ai pas d'état d'âme par rapport à cela. La nature n'est ni bonne ni mauvaise. Elle établit des règles intelligentes. Il y a un principe de cause à effet. Si l'humanité n'est pas intelligente, si elle continue à penser qu'elle peut faire subir à la nature toutes sortes de choses sans en subir les conséquences, elle disparaîtra.

Parallèlement, je pense aussi qu'il peut y avoir un sursaut de conscience généralisé, que l'humanité peut prendre conscience de son inconscience et construire autre chose. J'ai le sentiment que les ferments d'une mutation très importante sont déjà prêts, et déjà en action parmi la société civile. Cela me donne de l'espoir.

Ce qui me donne de l'espoir également, c'est que l'interrogation sur la vie est en train de changer. Même ceux qui ont réussi socialement disent qu'ils n'ont pas forcément réussi humainement. Le questionnement va de plus en plus vers le sens. Est-ce que la vie ne peut être autre chose que ce supplice permanent de stress et de mal-être qui n'arrête pas de grandir, cette indigence qui devient extrêmement préoccupante ? Je rencontre beaucoup de personnes qui au-delà de leur appartenance sociale, politique ou religieuse, se demandent : qu'est-ce que la vie ? Qu'est-ce que vivre signifie ? Est-ce piller la planète, produire et dégrader, ce qui est indigne de l'intelligence ? Ou pouvons-nous instaurer sur cette planète un vivre-ensemble avec la nature digne de la majesté de la vie ?

Marc de Smedt :

Depuis ce colloque il y a près de quatre ans, avez-vous l'impression que, malgré tout, il y ait un accroissement de cette révolution silencieuse ?

Pierre Rabhi :

Oui, car nous sommes en train de vivre une énorme déconvenue. C'est l'échec de l'homme démiurge, de l'homme prométhéen. Tout ce triomphe qu'on avait avec les Trente Glorieuses et la productivité, cette société qui produit à pleins rendements mais en pillant le monde, est remis en cause. On se demande aujourd'hui ce qu'on a gagné avec tout ça. Avoir réussi, est-ce avoir un compte en banque ou un mandat politique ? Il y a un questionnement grandissant qui nous rapproche de plus en plus de la dimension spirituelle, c'est-à-dire ne plus percevoir la vie et le monde uniquement sur la matière mais aussi sur l'esprit. Et cela est un ferment positif du changement. Je suis intervenu à Polytechnique, au Medef, à HEC, etc., et je vois qu'on recherche de l'âme dans tous les milieux.

Aujourd'hui, il nous faut renoncer au paradigme de la combustion énergétique, de l'argent et des armements, sans quoi nous n'évoluerons pas. Changer de paradigme, c'est mettre l'humain et la nature au cœur de nos préoccupations, et tout le reste à leur service. C'est aussi retourner à une véritable signification de ce que nous appelons l'économie. Nous distribuons des prix Nobel de l'économie à ce qui n'est absolument pas de l'économie. Appelons l'économie actuelle « pillage », « avidité » ou « dégradation », car la véritable économie est faite pour répartir les biens et les ressources entre les humains à la satisfaction du plus grand nombre. C'est loin d'être ce qui se fait aujourd'hui ! Le modèle actuel n'est pas rafistolable. La gouvernance du monde fait de l'acharnement thérapeutique sur un modèle moribond. Nous tentons soi-disant de prolonger la vie, mais en réalité, ce que je constate, c'est que nous prolongeons l'agonie. Il vaudrait mieux que ce système meure le plus vite possible pour que nous puissions remobiliser nos capacités, nos compétences, nos moyens au service d'un monde différent.

Quel avenir voulons-nous ? Le seul avenir viable est que nous rétablissions un ordre et un paradigme qui permettent de se relier à soi et aux autres, dans l'équilibre avec la nature. Nous appelons notre vie « exister », mais il faut *être*, pas seulement exister. Nous nous posons la question : « existe-t-il une vie après la mort ? », mais nous pourrions tout aussi bien nous demander : « existe-t-il une vie avant la mort ? », tant la vie aujourd'hui n'a plus de sens.

Le projet merveilleux que l'on peut avoir est de renouer avec les évidences pour construire un monde fraternel. L'humanité doit rétablir l'unité de l'humain, l'unité de la planète, et ainsi entrer dans cette extraordinaire symphonie universelle qu'est la vie dans laquelle chacun trouvera la joie d'être au monde.

Entretien enregistré en février 2010

Pour en savoir plus

Mouvement pour la terre et l'humanisme
www.colibris-lemouvement.org

Le Hameau des Buis
Habitat groupé intergénérationnel et école Montessori à la ferme
Chaulet - Casteljau - 07230 Lablachère
www.hameaudesbuis.com

Association Terre & Humanisme
Stages grand public en agroécologie et programmes de solidarité internationale pour la souveraineté alimentaire des populations
Mas de Beaulieu BP19 - 07230 Lablachère
www.terre-humanisme.org

Institut Karma Ling
Centre d'étude et de pratique du Dharma
Domaine d'Avalon - Hameau de Saint Hugon -
73110 Arvillard
www.karmaling.org

Aigle Bleu
www.aiglebleu.net

Association Païolive
Étude et protection du bois de Païolive, en Sud Ardèche.
http://associationpaiolive.blogspirit.com

LIVRES PARUS
AUX ÉDITIONS DU RELIÉ

COLLECTION POCHE

Aitken Robert, *Agir zen, une morale vivante*
Amar Yvan, *La Pensée comme voie d'éveil*
Amar Yvan, *Les Nourritures silencieuses*
Amar Yvan, *La Conscience corporelle*
Amar Yvan, *L'Obligation de conscience*
Ansa Luis, *Le Quatrième Royaume*
Balsekar Ramesh S., *Les Orients de l'être*
Balsekar Ramesh S., *L'Appel de l'être*
Balsekar Ramesh S., *Laisser la vie être*
Baret Eric, *Le Yoga tantrique du Cachemire*
Beltzung Alain, *Le Traité du regard*
Bouchart d'Orval Jean, *Patanjali et les Yogas sûtras*
Bouchart d'Orval Jean, *Héraclite*
Buisset Ariane, *Le Maître de la laque*
Chandra Swami, *Instructions spontanées*
Castermane Jacques, *Comment peut-on être zen ?*
Chytelman Paul, *Le Courage d'espérer*
Cognard André, *Vivre sans ennemi*
Cohen Andrew, *L'Éveil est un secret*
Cohen Andrew, *Embrasser le ciel et la terre*
Collectif, *L'Art de méditer et d'agir*
De Souzenelle Annick, *Pour une mutation intérieure*
De Smedt Evelyne et Mollet Catherine, *Les Patriarches du zen*, une anthologie
Ram Dass, *Vieillir en pleine conscience*
Édelmann Eric, *Plus on est de sages, plus on rit*

Édelmann Eric, Mangalam, *Un parcours auprès d'Arnaud Desjardins*
Farcet Gilles, *Manuel de l'anti-sagesse*
Guesné Jeanne, *Le Septième Sens, le corps spirituel*
Giuliani Bruno, *L'Amour de la sagesse*
Jourdan Michel, *La Maison sur la montagne*
Jodorowsky Alejandro, *Un Évangile pour guérir*
Jodorowsky Alejandro, *Le Dieu intérieur*
Kelen Jacqueline, *Les Sept Visages de Marie-Madeleine*
Kelen Jacqueline, *Les Femmes de la Bible*
Klein Jean, *Transmettre la lumière*
Klein Jean, *Qui suis-je ?*
Lama Denis Teundroup, *Le Dharma et la vie*
Leloup Jean-Yves, *Les Profondeurs oubliées du christianisme*
Long Barry, *Seule meurt la peur*
Long Barry, *Intuitions sur l'origine*
Low Albert, *Créer la conscience*
Lozowick Lee, *L'Alchimie de l'amour et de la sexualité*
Lozowick Lee, *Pour une éducation consciente*
Lozowick Lee, *L'Alchimie du réel*
Markale Jean, *Amours celtes : sexe et magie*
Mercier Mario, *L'Enseignement de l'arbre maître*
Moacanin Radmilla, *C. G Jung et la Sagesse tibétaine*
Muller Jean-Marie, *Dictionnaire de la non-violence*
Muller Jean-Marie, *Désarmer les dieux*
Muller Jean-Marie, *Le Courage de la non-violence*
Nadeen Satyam, *De la prison à l'éveil*
Odier Daniel, *Le Grand Sommeil des éveillés*
Odier Daniel, *L'Incendie du cœur*
Osho, *L'Évangile de Thomas*
Osho, *Un art de vivre et de mourir*
Panikkar Raimon, *L'Inévitable Dialogue : Dieu, Yahweh, Allah, Bouddha*

Poonja H.W.L, *Réveillez-vous et rugissez !*
Richard Moss, *Paroles des deux mondes*
Rinpoche Denys, *L'Entraînement de l'Esprit*
Skali Faouzi, *Le Face à face des cœurs*
Saint Bonnet Georges, *La Joie vous appartient*
Taisen Deshimaru, *L'Anneau de la voie zen*
Vigne Jacques, *L'Inde intérieure*
Z'ev ben Shimon Halevi, *L'Arbre de vie, selon la Cabale*

COLLECTION LIVRES + CD AUDIO

De Souzenelle Annick, *Nous sommes coupés en deux*
Leloup Jean-Yves, *Qui est « Je suis » ?*
Rabhi Pierre, *Conscience et Environnement*
Marc de Smedt, *Retrouver l'esprit de la méditation*

COLLECTION SEMI-POCHE

Castermane Jacques, *La Sagesse exercée*
De Souzenelle Annick et Albrecht Pierre-Yves, *Cheminer avec l'ange*
During Jean, *L'Âme des sons*
Édelmann Eric, *Jésus parlait araméen*
Jourdan Michel, *Vivre en solitude*
Leloup Jean-Yves, *Faire la paix*
Leloup Jean-Yves, *Marie Madeleine à la Sainte-Baume*
Levy Patrick, *Le Kabbaliste*
Osho, *La Voie de l'Amour*
Rech Roland Yuno, *Le Champ de la vacuité*
Rech Roland Yuno, *L'Illumination silencieuse*
Salomé Jacques, *Et si nous inventions notre vie ?*
Vigne Jacques , *le Maître et le Thérapeute*
Thicht Nat Hanh, *Jésus et Boudha sont des fréres*

COLLECTION LES GUIDES POUR CHATS
(et leurs maîtres) Albums illustrés

Gaudin Christian, Rochas Sabine et de Smedt Marc, *Exercices d'éveil pour petits chatons*
Gaudin Claire et Christian, *Massages pour chats*
Gaudin Claire et Christian, *Yoga pour chats*
Gaudin Claire et Christian, *Le Kamasutra des chats*
Gaudin Claire et Christian, L*e Guide du bien-être pour chats*
Gaudin Christian, *Histoires de chats zen*
Gaudin Christian et Jean-louis Brodu, *Tai Chi pour chats*
Gaudin Christian, *Zen et Arts martiaux pour chats*
Gaudin Christian, *Le Tao des chats*
Alexandro Jodorowsky et Christian Gaudin, *Le Tarot des Chats*

COLLECTION LES GRANDS FORMATS

Allais Danielle et Claude, *Retrouver la force de l'amour*
Amar Yvan, *Les Béatitudes*
Amar Yvan, *L'Alchimie de l'homme*
Amar Nadège, *Cheminer avec la méditation*
Ansa Luis (roman), *La Nuit des chamans*
Ansa Luis (roman), *Le Mystère du Nagual*
Bentounès Cheikh, *Vivre l'Islam*
Billot Benoît , *Comment peut-on être chrétien ?*
Carrière Jean, *Gracq ou les reflets du rivage*
Castermane Jacques, La Sagesse exercée
Chandra Swami, *Le Chant du silence*
Chytelman Paul, *Le Courage d'espérer*
Cicognani Patrick, *Vivre en terre indienne*
Collectif d'auteurs, *La Transmission spirituelle*
Collectif d'auteurs, *Être heureux et créer du bonheur*

Collectif d'auteurs, *Karlfried Graf Durckheim*
Dechance Jacques, *Aller mieux dedans pour agir mieux dehors* (CD + Cartes)
Dechance J. et Grande M., *Sans amour qui serions-nous ?*
Desjardins Véronique, *Porte donnant sur la voie*
De Souzenelle Annick et Albrecht Pierre-Yves, *L'Initiation*
Ducrocq Anne, *Changer le monde en se transformant*
Farcet Gilles, *Allen Ginsberg, poète et bodhisattva beat*
Farcet Gilles, *La Transmission selon Arnaud Desjardins*
Farcet Gilles, *Sur la route spirituelle*
Flogny Colette, *Rencontre avec la vie*
Freeman Laurence, *Lettres sur la méditation*
Goldsmith Joël S., *La Voie Infinie*
Inandiak Élisabeth D, *Les Chants de l'île à dormir debout*
Jodorowsky Alejandro, *Le Chant du Tarot*
Jodorowsky Alejandro, *Contes paniques*
Jodorowsky Alejandro, *À l'ombre du Yi Jing*
Jourdain Stephen, *Une promptitude céleste*
Jourdain Stephen, *Una : un amour philosophal*
Krishnamurti, *L'Aventure de l'éveil*
Leloup Jean-Yves, *Un art de l'attention*
Leloup Jean-Yves (conte), *La Vie de Jésus racontée par un arbre*
Levy Patrick, *La Ruse de Dieu*
Levy Patrick, *Sadhûs*
Low Albert, *Se connaître c'est s'oublier*
Lozowick Lee, *Éloge de la folle sagesse*
Ma Ananda Mayi, *Retrouver la joie*
Markale Jean, *Amour et Sexualité chez les Celtes*
Masson Sékiné Nourit, *Le Courage de vivre pour mourir*
Mesnage Colette, *Éloge d'une vieillesse heureuse*
Mercier Mario, *Voyage au cœur de la force*
Muller Jean-Marie, *Entrer dans l'âge de la non-violence*
Odier Daniel, *Ch'an et Zen*

Rabhi Pierre, *Ce que nous dit la nature*
Raphael, *Le Feu de la réalisation, Tat Tvam Asi*
Rodière Marie-Jeanne, *Construire sa voix*
Roger Marie-Sabine (roman), *Le Ciel est immense*
Rougier Stan, *L'Amour comme un défi*
Salomé Jacques, *Manuel de survie dans le monde du travail*
Senzaki Nyogen, *La Flûte de fer*
Skali Faouzi, *Le Souvenir de l'être profond*
Shaykh al-Dabbâgh, *Paroles d'or*
Thibaut Kosen, *Les Cinq Degrés de l'éveil*
Trungpa Chôgyam, *Enseignements secrets, l'incandescence du réel*
Van Eersel Patrice, *Tisseurs de paix*
Vigne Jacques, *La Faim du Vide : réflexions sur l'anorexie et la spiritualité*
Vigne Jacques, *Ouvrir nos canaux d'énergie par la méditation*
Vigneron Gérard, *Un médecin face à l'invisible*
Virelaude Monique, *Comment vaincre la peur*
Wolff Franklin Merrel, *Expérience et Philosophie*
Wolff Franklin Merrel, *Une expérience spirituelle : philosophie de la conscience*

COLLECTION OSE SAVOIR

Benbassa Esther, Attias Jean-Christophe, *Le Juif et l'Autre*
De Souzenelle Annick, *L'Arc et la Flèche*
Gorbatchev Mikhaïl, *Mon manifeste pour la terre*
L'Yvonnet François, Gaudin Thierry, *Discours de la méthode créatrice*
Vergely Bertrand, *La Foi ou la Nostalgie de l'admirable*

Dépôt légal : avril 2014
IMPRIMÉ EN FRANCE

Achevé d'imprimer le 14 avril 2014
sur les presses de l'imprimerie « La Source d'Or »
63039 Clermont-Ferrand
Imprimeur n° 17019

PEFC/10-31-2008

*Dans le cadre de sa politique de développement durable,
La Source d'Or a été référencée IMPRIM'VERT®
par son organisme consulaire de tutelle.
Cet ouvrage est imprimé - pour l'intérieur -
sur papier bouffant "Book premium" 90 g, main de 1,6
des papeteries UPM-Kymmene dont l'usine de Docelles (Vosges)
a obtenu les certifications environnementales ISO 9001, 14001 et OHSAS 18001.*